クックパッドのおいしい
厳選！ 野菜レシピ

新星出版社

はじめに

本書はクックパッドのサイトにある170万品以上のレシピの中から、プレミアム会員だけしか検索することができない人気のレシピに加え、おいしさの指標である「つくれぽ(実際にレシピを作ったユーザーからの写真付きコメント)」数の多い、ランキング上位のレシピの中から、野菜たっぷりのレシピを新星出版社編集部が厳選して掲載しています。

また、幅広い年齢層の方に使いやすいように、「肉じゃが」「きんぴらごぼう」など、親しみやすい定番料理もたくさん取り上げました。

さらに「主菜」「副菜」「サラダ」「汁もの」「ごはん・めん」といったジャンルに分け、毎日の献立にも役立てられるような構成にしています。

本書を活用することで、「おいしい!」「また作りたい!」などのうれしい声が聞こえ、日々の食生活をもっと楽しんでいただけたら幸いです。

※レシピ数は2014年4月時点

クックパッドとは？

クックパッドとは毎日の料理が楽しくなる、日本最大の料理レシピ投稿・検索サイトです。20〜30代の女性を中心に、月間のべ5000万人以上の人に利用されています。レシピを投稿しているレシピ作者は、一般のユーザーの方です。そして、投稿されたレシピを作った人は、レシピ作者へ「おいしかったよ」「アレンジしました」などのコメントを「つくれぽ（作りましたフォトレポートの略）」で伝えることができます。こうしたユーザーの方同士のコミュニケーションを通じて、おいしくて作りやすい家庭料理のレシピが多く集まり、料理の楽しみが広がっていくのが特長です。

また、プレミアムサービスを使えば、数多くのレシピの中から、大人気のレシピをすぐに見つけることができ、献立作りがより簡単になります（詳しくは122ページを参照）。

誌面について

▶ 掲載されている写真はレシピ作者のレシピを見て再現し、撮影したものです。

▶「材料」とその分量は、サイト上で紹介されているものと同じです。

▶「作り方」は、サイト上で紹介されている行程を、レシピ本の表記ルールに則り、新星出版社 編集部にて再編集していますので、多少表現が異なりますが、実際の作り方は、サイト上に掲載されているものと相違ありません。下線部や「コツ」の写真は、レシピ作者による「コツ・ポイント」を編集部がピックアップしたものです。

▶ レシピ頁掲載の「つくれぽ」では、クックパッドのユーザーが実際に投稿した「つくれぽ」からコメントを紹介しています。

▶「スタッフメモ」では、新星出版社 編集部のスタッフにて実際に調理し、実食した際の感想などを表記しています。

目次

- はじめに …… 2
- クックパッドとは？ …… 4
- 誌面について …… 5

サラダ …… 14

- **トマトと玉ねぎのサラダ**
  [☆新玉ねぎとトマトのサラダ☆] …… 14
- **キャベツのサラダ**
  [キャベツとワカメのナムル風サラダ] …… 16 
- **ポテトサラダ**
  [♥みんな大絶賛のポテトサラダ♥コツあり♬] …… 17
- **水菜のサラダ**
  [☆水菜をもりもり食べちゃおう♪] …… 18

- **もやしのサラダ**
  [超自信作★味見で完食しちゃう☆もやし☆] …… 19 
- **トマトときゅうりのサラダ**
  [トマトときゅうりのパクパクサラダ] …… 20
- **コールスロー**
  [キャベツとにんじんのコールスローサラダ。] …… 22 
- **ブロッコリーのサラダ**
  [ブロッコリーとゆで卵のオイマヨサラダ] …… 23

- **キャベツと納豆のサラダ**
  [キャベツと納豆の和風おつまみサラダ] …… 24

もやしの中華サラダ [我が家の定番やみつき☆もやしの中華サラダ] ……32	ごぼうのサラダ [革命的な!! ごぼうサラダ] ……31	かぼちゃのサラダ [かぼちゃだけ✻簡単サラダ] ……30	アボカドのサラダ [エビアボカドの最強オーロラソースサラダ♪] ……28	白菜のサラダ [白菜が丸ごと食べたくなる♪簡単サラダ♪] ……26	

主菜

ラタトゥイユ [夏野菜の煮込み ラタトゥイユ。] ……42	ポトフ [野菜がとろける!!簡単ポトフ] ……40	筑前煮 [ほっこり煮物＊うちの筑前煮] ……38	ロールキャベツ [簡単！とろとろの絶品ロールキャベツ] ……36	肉じゃが [旦那が惚れた♥豚肉じゃが(♥ω＜*)] ……34	肉じゃが ……34

ピーマンの肉詰め
[とろ〜り♪ピーマンの肉詰め。] …… 50

酢豚
[簡単！豚こま団子でヘルシー！揚げない酢豚] …… 48

ゴーヤチャンプル
[旨い！ゴーヤチャンプル] …… 47

野菜炒め
[基本の野菜炒め] …… 46

麻婆なす
[絶品！子供が大好きな麻婆茄子♪] …… 45

クリームシチュー
[シチューの素はもういらない‼これでOK] …… 44

鶏ごぼう
[＊＊鶏むね肉で♪やわらか鶏ごぼう＊＊] …… 60

青椒肉絲
[子供が絶賛♪チンジャオロース] …… 58

回鍋肉
[簡単♪おうちでお店みたいな☆回鍋肉] …… 56

八宝菜
[簡単1品★激うま！激安！とろ〜り八宝菜☆] …… 54

チンゲン菜炒め
[チンゲン菜ときのこのオイスターソース] …… 52

しいたけの肉詰め
[笑顔になっちゃう♡シイタケの肉詰め] …… 51

白菜のうま煮
[☆白菜があったら絶対コレ♪簡単うま煮☆] …… 68

かぼちゃのグラタン
[簡単☆かぼちゃグラタン] …… 66

トマトとキャベツのシチュー
[止まらない♪トマトとキャベツのチキンしちゅー＊] …… 64

白菜のクリーム煮
[簡単すぐできる☆白菜のクリーム煮] …… 62

アスパラの肉巻き
[居酒屋気分♡アスパラまるごと♪豚つくね] …… 61

副菜

きんぴらごぼう
[フライパンで簡単〜＊きんぴらごぼう＊〜] …… 74

かき揚げ
[義母レシピ☺野菜かき揚げ] …… 73

にら玉
[☆ご飯が進む♪ニラ玉☆] …… 72

かぶのひき肉あんかけ
[簡単！かぶの挽肉トロトロあんかけ] …… 70

にら肉炒め
[豚肉もやしニラ炒め] …… 69

かぼちゃの煮つけ
［家の黄金率で♪かぼちゃの煮物♡］……76

きゅうりとわかめの酢もの
［キュウリ・ワカメ・トマト・生姜の酢の物］……76

里いもの煮っころがし
［里芋の煮ころがし］……78

ほうれん草のおひたし
［海苔鰹の風味で絶品！ほうれん草のおひたし］……80

いんげんのごまあえ
［いんげんのゴマ和え♬］……80

野菜の白あえ
［すぐできる☆簡単☆ほうれん草の白和え］……82

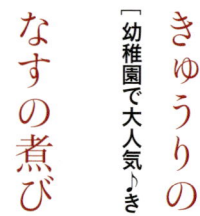

ピクルス
［消費、保存、常備に✽夏野菜の簡単ピクルス］……83

揚げ出し豆腐
［簡単！揚げ出し豆腐きのこあんかけのせ☆］……84

切り干し大根の煮もの
［切り干し大根と高野豆腐の煮物］……85

にんじんのしりしり
［あたしんちの人参しりしり★］……86

きゅうりの浅漬け
［幼稚園で大人気♪きゅうりのカリカリ漬け］……86

なすの煮びたし
［めんつゆでナスの煮浸し］……88

きのこ炒め
[しめじと卵で簡単！中華風炒め] …… 89

生春巻き
[簡単に巻ける生春巻きの巻き方] …… 90

こんにゃくと玉ねぎの炒り煮
[♪こんにゃくと玉ねぎ☆甘辛＝生姜焼き♪] …… 92

焼きなす
[ウチの焼きナス] …… 93

オクラのマリネ
[焼きオクラの生姜マリネ] …… 94

ゴーヤのおひたし
[冷やして食べて〜♪ゴーヤーのおひたし] …… 95

汁もの

大根とこんにゃくのピリ辛炒め
[ピリ辛ころころ大根とこんにゃく] …… 96

アボカドの酢漬け
[やめられへんwアボカドの薬味ぽん酢漬け♪] …… 98

ズッキーニとじゃがいものマリネ
[ズッキーニとジャガイモの醤油ドレマリネ] …… 99

豚汁
[マジうまv(｡･ω･｡)こくまろ豚汁♪] …… 100

けんちん汁
[あったか♪けんちん汁] …… 102

みそスープ
［韓国風＊もやしの味噌スープ＊］ …… 103

ミネストローネ
［具だくさんミネストローネ］ …… 104

中華スープ
［炒めたキャベツの♡中華スープ］ …… 106

もやしのスープ
［めちゃ旨！豚もやしスープ］ …… 107

ポタージュ
［かぼちゃのポタージュ］ …… 108

オニオンスープ
［簡単シンプル♪とろとろオニオンスープ］ …… 109

ごはん・めん

オニオングラタンスープ
［簡単♪オニオングラタンスープ］ …… 110

サンラータン
［残り野菜で酸辣湯（サンラータン）］ …… 112

野菜カレー
［おうちでランチ！夏野菜カレー☆］ …… 114

たけのこご飯
［筍ご飯］ …… 116

きのこご飯
［＊きのこの炊き込みご飯＊］ …… 118

野菜パスタ［我が家の定番☆和風スパゲッティ］……120

野菜焼きそば［大人気！野菜たっぷり塩焼きそば］……121

プレミアムサービスの紹介……122

140万人以上が利用中！プレミアムサービスでできること……123

素材別 index……124

この本のルール

▼分量表記について
大さじ1は15㎖、小さじ1は5㎖、1カップは200㎖です。いずれもすりきりで量ります。米一合は180㎖です。

▼カロリーについて
カロリー計算は、新星出版社編集部の基準で計算したもので、クックパッドサイト上での計算とは異なります。各レシピのカロリーについて、材料の人数に幅があるときは、多い方を採用して1人当たりを割り出して掲載しています。

▼調味料について
特に注釈がない場合は、しょうゆは濃口しょうゆ、砂糖は上白糖、みそはお好みのみそ、バターは有塩バターを使用しています。

▼でき上がりの量、調味について
各レシピの材料や分量については、各レシピ作者が考案した味を尊重しています。でき上がる分量や塩分量、調味料の量などはレシピによって異なりますので、作る前によく確認をしてください。

▼火加減について
強火、弱火など、火加減についての表記がない場合は、すべて中火にて調理、加熱を行ってください。

▼電子レンジ・オーブントースター・オーブンについて
ワット数や加熱時間についてサイトに記載がない場合は、編集部で再現した時の目安を記載していることがあります。加熱する時間はメーカーや機種によって異なりますので、様子を見て加減してください。また、加熱する際は、付属の説明書に従って加減してください。電子レンジで加熱する際、耐えられるガラスの器やボウルなどを使用してください。液体を電子レンジで加熱する際、突然沸騰する場合がありますのでご注意ください。

▼掲載レシピについて
掲載しているレシピは、サイト内における「人気ランキング」、また人気の指標でもある「つくれぽ数」などを元にして厳選しています。料理名の記載は、「一般的な料理の名称」「レシピ作者が考えた料理名」を並列させて表記しています。

サラダ

人気の「ポテサラ」に昔ながらの「もやしの中華サラダ」など、野菜不足が解消できるレシピばかりです。

☆新玉ねぎとトマトのサラダ☆ [レシピID 1106215]

トマトと玉ねぎのサラダ

材料 [2〜3人分]
- 新玉ねぎ … 1〜2個
- トマトまたはプチトマト … 適量
- ドレッシング
  - しょうゆ … 大さじ2
  - 酢 … 大さじ2
  - すりごま(白) … 大さじ2
  - 砂糖 … 小さじ2
  - ごま油 … 小さじ2

作り方
1. 新玉ねぎは薄切りにし、水にさらしてざるにあげる。
2. トマトはへたを取り、食べやすい大きさに切る。
3. ドレッシングの材料を混ぜ合わせ、**1と2を加えて混ぜる**。

> 新玉ねぎが少しくたっとするくらいまでドレッシングになじませると美味。

レシピ作者
レアレアチーズ

1人当たり
120kcal

スタッフメモ すりごま入りの中華風ドレッシングなら野菜がたっぷり食べられますね。

> **つくれぽ**
> 常備している調味料でこんな美味しいドレできるなんて♡すごいです♪

キャベツのサラダ

[キャベツとワカメのナムル風サラダ] レシピID 3019908

材料［2人分］

- キャベツ … 約3枚
- カットわかめ（乾燥）… 大さじ1
- A
  - ごま油 … 大さじ1
  - しょうゆ … 約小さじ1
  - 美味しい塩 … 少々
  - いりごま（白）… 適量

中華だしの素オイスターソースなどを追加してもOK！

作り方

1. わかめは水につけてもどす。
2. キャベツは太めのせん切り、茎の部分は薄切りにする。耐熱容器に入れてラップをふんわりかけ、600Wの電子レンジで2分〜2分30秒加熱して、冷ます。
3. 1と2の水けをよく絞って合わせ、混ぜ合わせたAであえる。

レシピ作者 nyaro

1人当たり 82kcal

つくれぽ
実母の野菜不足のために作りました^^ 美味しいと喜んでました！

スタッフメモ　あともう1品ほしいときにパパッと作れるのがいいですね。酒の肴にもぴったり！

ポテトサラダ

[♥みんな大絶賛のポテトサラダ♥コツあり♪]

レシピID 8375651

レシピ作者 rie-tin

全量で 984kcal

材料 [～4人分]

- じゃがいも … 3～4個（400g）
- 卵 … 2個
- きゅうり … 1本
- にんじん … 3～4cm
- 玉ねぎ … 小1/2個
- 塩 … 小さじ1
- 酢（またはすし酢）… 小さじ2～3
- マヨネーズ … 大さじ5～6
- こしょう … 少々

作り方

1. 卵はゆで卵にする。じゃがいもは皮をむいて縦半分に切ってから2cm厚さに切り、鍋に入れて洗う。**ひたひたの水を入れ、塩を加えてゆでる【コツ1】**。
2. 1のじゃがいもに火が通ってやわらかくなったら湯切りし、中火で1～2分、水分を飛ばしながらつぶす。味見をしながら酢を加えて混ぜ、冷ましておく。
3. きゅうり、玉ねぎは薄切り、にんじんは極薄切りにする。少量の塩（分量外）をふってもみ、しばらくおいてから水で洗って水けをよく絞る。1のゆで卵は殻をむいて粗みじん切りにする。
4. 2に3とマヨネーズを加えてよく混ぜ、こしょうで味をととのえる。

コツ1

じゃがいもはちょっと濃いめの塩水でゆで、下味をしっかりつけるとよい。

つくれぽ

下味だけでこんなに変わるなんて！おいしく出来ました (o^^o)

スタッフメモ 酢によって味が引き締まっておいしかったです。酢の量は好みがあるので、味見をしながら足しましょう。

水菜のサラダ

[☆水菜をもりもり食べちゃおう♪]
レシピID 7772170

つくれぽ
水菜の新しい食べ方発見です！奥深い味でいくらでも食べちゃいそう♪

材料 [作りやすい分量]
- 水菜 … 1把（200g）
- すりごま（白）… 大さじ2〜3
- かつお節 … 5g
- 刻みのり … 大さじ1（お好みで）
- オリーブオイル … 大さじ2
- しょうゆ … 大さじ1

作り方
1. 水菜は洗って水けをきり、根元を切り落として2〜3cm幅に切る。
2. ボウルに1を入れ、**すりごまを加え、よくからませる**【コツ1】。
3. 器に2を盛り、かつお節と刻みのりをのせ、オリーブオイル、しょうゆの順に回しかける。食べる直前によく混ぜる。

コツ1
すりごまに水菜に残った水分を吸わせると仕上がりが水っぽくならない。

レシピ作者
kurukurumin

全量で
420kcal

スタッフメモ 水菜のシャキシャキ感とかつお節のしっとり感、そして調味料の味がとっても合います！

もやしのサラダ

[超自信作★味見で完食しちゃう☆もやし☆]

レシピID 932013

つくれぽ
あっという間に完食♪もやしひと袋じゃ全然足りませんね！

材料 [作りやすい分量]
- もやし … 1袋
- カットわかめ（乾燥）… 適量
- A
  - ごま油 … 大さじ2
  - 鶏ガラスープの素 … 小さじ1
  - 塩 … 小さじ1程度
  - にんにく（チューブ）… 約2cm
- すりごま（白）… 大さじ3
- ねぎ（小口切り・飾り用）… 適量

作り方
1. もやしは熱湯でさっとゆで、**水けをしっかりと絞る【コツ1】**。わかめは水につけてもどし、水けを絞る。
2. ボウルにAを混ぜ合わせる。
3. 2に1を入れて混ぜ、すりごまを加えてさらに混ぜる。器に盛り、ねぎをのせる。

コツ1

味がぼやけないようにもやしの水けは手でギュッと絞って。

塩加減は味見をしながら調節して。

レシピ作者：あかちん★

全量で 407kcal

スタッフメモ　給料日前などお財布がピンチなときにぴったりなおかず！

トマトときゅうりのサラダ

[トマトときゅうりのパクパクサラダ] レシピID 563941

材料［2〜3人分］

- トマト… 1個
- きゅうり… 1本
- ドレッシング
  - ねぎ… 1/2本
  - すりごま（白）… 大さじ2
  - めんつゆ（3倍濃縮）… 大さじ2
  - ごま油… 大さじ1
  - 砂糖… ひとつまみ

作り方

1. トマトはへたを取ってひと口大に、**きゅうりはすりこ木などでたたいてから**【コツ1】、食べやすい大きさに切る。ともに塩（分量外）をふって2〜3分おき、水分を出す。
2. ドレッシングを作る。**ねぎはみじん切りにし、水にさらす**【コツ2】。水けをよく絞ってから残りの材料と混ぜ合わせる。
3. 2に1を加えてあえる。

コツ1

きゅうりはすりこ木などでたたくと表面積が大きくなり、味がしみやすくなる。

コツ2

ねぎは水にさらして辛味を抜く。

レシピ作者　いづみうな

1人当たり 103kcal

スタッフメモ　ドレッシングは、冷やっこにかけたり、しゃぶしゃぶのお肉につけたりしても◎。

つくれぽ
2歳の息子が私とパパの分まで欲しがりました！簡単で美味しかった♡

コールスロー

[キャベツとにんじんのコールスローサラダ。]

レシピID 1073808

材料［3〜4人分］

- キャベツ … 小1/2個
- にんじん … 1/3本
- A
  - 酢 … 大さじ3
  - 砂糖 … 小さじ1
  - 塩 … 小さじ1/2
- B
  - マヨネーズ … 大さじ4〜5
  - 塩 … 少々
- 粗びき黒こしょう … 少々

作り方

1. キャベツは長さ3cmのせん切りにする。にんじんは皮をむき、同様にせん切りにする。
2. ボウルにAを入れてよく混ぜ、1を加えて全体を混ぜ合わせ、**30分ほどおく**。
3. 2の水けをよく絞り、別のボウルに移す。Bを加えてよくあえて器に盛り、粗びき黒こしょうをふる。

> 10分おきくらいに混ぜると下味がしっかりついて味わいアップ！

レシピ作者 happy sky

1人当たり **120kcal**

つくれぽ
コールスローっていつも買ってました（笑）これからは作れる〜♪

スタッフメモ コーンやツナ、ハムを入れてもおいしそう。サンドイッチの具材にも◎。

ブロッコリーのサラダ

[ブロッコリーとゆで卵のオイマヨサラダ] レシピID 9734788

つくれぽ
マヨにオイスターソースのコクがプラスされてまろやかおいしい〜

材料［3〜4人分］
- ブロッコリー … 1房
- ゆで卵 … 2個
- A
  - マヨネーズ … 大さじ3
  - オイスターソース … 大さじ1
  - 塩、こしょう … 各適量

作り方
1. ブロッコリーは小房にわけて塩ゆでし（分量外）、水けをきってひと口大に分ける。ゆで卵もひと口大に切る。
2. ボウルにAを入れて混ぜ合わせ、**1を入れて軽くあえる**【コツ1】。

コツ ① 
混ぜすぎると写真のように具材がくずれてしまうので気をつけて！

レシピ作者
AyaChihi

1人当たり
132kcal

スタッフメモ　簡単にできるオイマヨソースは野菜スティックにつけて食べてもおいしい！

キャベツと納豆のサラダ

[キャベツと納豆の和風おつまみサラダ] レシピID 1760603

材料 ［2人分］

- キャベツ … 約120g
- 納豆（付属のたれと練り辛子も）… 1パック
- 焼きのり … 大1枚
- A
  - めんつゆ（3倍濃縮）… 大さじ1/2弱
  - マヨネーズ … 大さじ1〜
- 辛子（お好みで・チューブ）… 2cm
- 温泉卵または卵黄（お好みで）… 1個
- 刻みのり（飾り用）… 適量

※めんつゆは納豆の付属たれの濃さで加える量を調節して。

作り方

1. **キャベツはせん切りにする**【コツ1】。
2. ボウルに1、納豆、手でちぎった焼きのり、A、お好みで辛子を入れ、**よく混ぜ合わせる**【コツ2】。
3. 器に2を盛り、温泉卵または卵黄をのせ、刻みのりを飾る。

コツ1 キャベツはできるだけ細めのせん切りに。千切りが一番シャキシャキになる。

コツ2 納豆が全体にからむようにぐるぐると混ぜて。

つくれぽ
どんな風になるのかドキドキでしたが、激うまでしたー！ヘルシー♪

レシピ作者 とももももえ

1人当たり **72kcal**

スタッフメモ　マヨネーズが入っているから納豆がちょっと苦手な人でもおいしく食べられそう。

白菜のサラダ

[白菜が丸ごと食べたくなる♪簡単サラダ♪] レシピID 291192

材料［2人分］

- 白菜 … 1/4株
- A
  - 顆粒和風だしの素 … 大さじ1
  - 砂糖 … 大さじ1
  - 塩 … 小さじ1/3程度
- マヨネーズ … 大さじ2½〜3
- すりごま（白）… 大さじ1
- かつお節 … 2袋

作り方

1. 白菜は太めのせん切りにし、**たっぷりの湯に芯、葉の順に入れてゆでる**【コツ1】。ざるにあげ、粗熱がとれたら水けを絞る。
2. Aは合わせておく。
3. ボウルに1を入れて2を加え、**手でもむようにしてなじませる**【コツ2】。冷めたらさらに水けを絞る。
4. 3にマヨネーズ、すりごまを加えて全体をよくあえ、仕上げにかつお節を加えて菜箸でざっくりとあえる。

コツ1

白菜の芯はかたいので、時間差で先にゆでて。

コツ2

手でもむようにしてなじませる。

つくれぽ

まさに大絶賛！マヨ苦手の旦那がこれは美味しい！と食べまくりでした♪

レシピ作者 ハニー1003

1人当たり 198kcal

スタッフメモ　下味に顆粒だしを使っているので味わい深く、やみつきです。

アボカドのサラダ

[エビアボカドの最強オーロラソースサラダ♪] レシピID 507844

材料 [3人分]

- アボカド … 1個
- えび（中）… 10尾
- 新玉ねぎ … 1/3個
- 塩、こしょう … 少々
- 酒 … 大さじ1
- A | にんにく … 1/2かけ
  | マヨネーズ … 大さじ2
  | トマトケチャップ … 大さじ1
- つけ合わせ（レタスなど）… 適量

作り方

1. えびは殻をむいて背わたを除き、塩、こしょうをする。フライパンに並べて火にかけ、**酒をふり入れて酒炒りし、火を通す**。
2. 新玉ねぎは薄切りにし、水にさらして水けを絞る。アボカドは縦半分に切り込み入れ、種をくり抜いて皮を取り、食べやすい大きさに切る。
3. Aのにんにくはすりおろし、残りの材料と混ぜ合わせる。
4. 器にお好みでレタスを敷き、1と2を盛り合わせ、3をかける。

つくれぽ

このレシピのおかげでアボカドを買う頻度が多くなりました!!美味

レシピ作者 uronn

1人当たり 196kcal

スタッフメモ オーロラソースににんにくをすりおろして入れると、コクが出て食欲がそそられます。

かぼちゃのサラダ

[かぼちゃだけ❁簡単サラダ]
レシピID 4678891

材料 [3〜4人分]

- かぼちゃ … 1/4個
- 顆粒コンソメスープの素 … 4〜5g
  （固形コンソメスープの素なら1個）
- パセリ（みじん切り・あれば）… 適量
- A｜マヨネーズ … 大さじ2〜
  ｜塩、こしょう … 各少々

コツ① かぼちゃはコンソメを入れてゆで、下味をつける。

作り方

1. かぼちゃは種とわたを取ってひと口大に切り、皮をところどころむく。
2. 鍋に1とひたひたより少なめの水を入れ、**コンソメを加えて火にかける【コツ1】**。中火〜弱火で形がくずれない程度に皮までやわらかくなるまで煮る（ゆですぎに注意）。ざるにあげ、水けをよくきってよく冷ます。
3. 2をボウルに移し、お好みの固さにつぶす。あればパセリ、マヨネーズ、塩、こしょうを加えて混ぜる。器に盛り、あればパセリを飾る。

レシピ作者
きなこりん

1人当たり
209kcal

つくれぽ
野菜嫌いの子供達が美味しいとパクパク食べました！また作ります☆☆

スタッフメモ コンソメの味がしっかりついているので、コンソメ好きにはたまりません。

ごぼうのサラダ

[革命的な!!「ごぼうサラダ」レシピID 226866]

材料 [3〜4人分]

- ごぼう … 1本
- にんじん … 小1本
- いりごまたはすりごま (白) … 大さじ2〜3
- ごま油 … 大さじ2
- A
  - 酒 … 大さじ3
  - しょうゆ … 大さじ2
  - みりん … 大さじ1
- マヨネーズ … 大さじ3

作り方

1. ごまは少し粒が残る程度に粗くする。
2. ごぼうは<u>流水の下でスポンジなどを使って泥を落とし</u>、長さ5cmのせん切りにする。にんじんも同様にせん切りにする。
3. フライパンにごま油を熱してごぼうを炒め、ある程度油が回ったら、にんじんを加えて炒める。全体に油が回ったら、Aを入れ、汁けがほとんどなくなるまで煮つめる。
4. 3が熱いうちにボウルに移し、マヨネーズを加えてよくあえ、1も加えて全体によく混ぜ合わせる（プチトマト、レタスを添えてもよい）。

> ごぼうは皮はむかず、水にもさらさないで!

レシピ作者 **DIRTBAG**

1人当たり **210kcal**

つくれぽ
簡単に作れてゴミも出ないし、ごぼうの味が濃くて美味しかったです

スタッフメモ：「きんぴらのように炒めてからマヨネーズであえる」というアイデアは斬新！

もやしの中華サラダ

[我が家の定番やみつき☆もやしの中華サラダ] レシピID 931704

材料［4人分］
- もやし … 1袋
- きゅうり … 1本
- ハム … 4枚
- A
  - しょうゆ … 大さじ2
  - 酢 … 大さじ2
  - 砂糖 … 大さじ1
  - ごま油 … 大さじ1
  - 塩、こしょう … 各少々（5振りほど）

Aの分量は少し多めなのでかにかま、春雨などを加えても。

作り方
1. **もやしはさっとゆで【コツ1】**、水にさらして冷やし、水けをきる。
2. きゅうりはせん切りにし、ハムは細切りにする。
3. ボウルにAを入れてよく混ぜ合わせ、1と2を加えてよくあえる。

コツ1

もやしはシャキシャキ感を味わいたいので、熱湯にさっとくぐらせる程度にゆでて。

つくれぽ
酒のあてにもなります。家族にも好評でした。ありがとう。

レシピ作者 りょんち☆

1人当たり **79kcal**

スタッフメモ　あっさりしていてどこかなつかしい味わい。何かもうひと皿というときにぴったり。

肉じゃが

［旦那が惚れた♥豚肉じゃが（♥ω<*）］ レシピID 390716

作り方

1. 豚肉は大きければひと口大に切る。じゃがいもは皮をむき、ひと口大に切って水にさらす。にんじんはじゃがいもの大きさに合わせて乱切りにする。玉ねぎはくし切りにする。
2. しらたきは下ゆでし、食べやすい長さに切る。
3. 鍋にサラダ油を熱し、**じゃがいも、にんじん、玉ねぎを入れて炒める。全体に油が回ったら、**だし汁、酒、しらたきを加えて5分煮る。
4. 3に砂糖、豚肉を散らすように加え、強火で煮てアクを取る。しょうゆを加えて中火にし、**ふたをして野菜がやわらかくなるまで煮る。**飾り用のいんげんは斜め切りにし、耐熱容器に入れてラップをかけ、600Wの電子レンジで10秒加熱する。
5. 器に4を盛り、4のいんげんを飾る。

途中で様子が気になっても菜箸などで混ぜたりしないこと。

主菜

「肉じゃが」、「ロールキャベツ」、「麻婆なす」など、野菜たっぷりでボリューム満点の主菜をご紹介。

レシピ作者
papikun

全量で
1860kcal

スタッフメモ　汁だくであっさりとした優しい味わいです。おかわり必至です。

> **つくれぽ**
> 自己流はいつも濃いので、こちらのレシピで作ったら大好評でした！

材料 [作りやすい分量]

- 豚バラしゃぶしゃぶ用肉 … 200g
  - （薄切り肉ならなんでもOK）
- じゃがいも … 中3個
- にんじん … 2/3本
- 玉ねぎ … 1個
- しらたき … 1袋
- サラダ油 … 大さじ3
- だし汁 … 水3カップ＋顆粒和風だしの素小さじ3
- 酒 … 2/3カップ
- 砂糖 … 大さじ4〜
- しょうゆまたはだししょうゆ … 大さじ3〜
- いんげん（飾り用）… 適量

ロールキャベツ

[簡単！とろとろの絶品ロールキャベツ] レシピID 362623

材料 [8～10個分]

- キャベツ … 約1個（8～10枚）
- 豚ひき肉 … 200g
- 玉ねぎ … 1個
- 卵 … 1個
- パン粉 … 1/2カップ
- A | ナツメグ、塩、こしょう … 各少々
- バター（またはマーガリン）… 大さじ1
- B | トマトジュース（有塩）… 1カップ
  - 水 … 2カップ
    （圧力鍋の場合は1カップ）
  - 固形洋風スープの素 … 1個
  - ウスターソース … 大さじ2
  - 酒 … 大さじ2
  - トマトケチャップ … 大さじ1
  - オイスターソース … 小さじ1
  - はちみつ … 小さじ2

作り方

1. キャベツは1枚ずつ破らないようにはがす。**耐熱容器に入れてラップをふんわりとかけ、600Wの電子レンジで2～3分加熱する。** 巻けるくらいやわらかくなればOK！
2. 玉ねぎはみじん切りにして耐熱容器に入れる。サラダ油小さじ1（分量外）をふり混ぜて、ラップをかけて600Wの電子レンジで2分30秒加熱する。
3. パン粉は卵を加え、菜箸でなじむまでかき混ぜる。
4. ボウルにひき肉、2、3、Aを加えて手でこねて混ぜ合わせ、8～10等分にする。
5. 1のキャベツの芯を包丁でそぎ、キャベツ1枚に4の1個分をのせて巻き、巻き終わりを爪楊枝で留める。残りも同様に作る。
6. フライパンにバターを入れて熱し、**5を並べて焼き色がつくまで両面を焼く【コツ1】**（このとき、5で残ったキャベツがあれば一緒に焼く）。
7. 別の鍋にBを入れて火にかけ、煮立ったら6を入れて1時間ほど煮込む（圧力鍋の場合は15分煮る）。

コツ1 焼いてから煮ると香ばしさが違う。

レシピ作者 チョリベー

1個当たり 118kcal

スタッフメモ オイスターソースとはちみつを煮込みソースに使うと、まろやかな味になります。

> **つくれぽ**
> バターで焼き目をつけると、こんなに風味が出るなんて！おいしい♪

筑前煮

[ほっこり煮物＊うちの筑前煮] レシピID 1583280

材料 [たっぷり4人分]

鶏もも肉 … 1枚 (200g)
ごぼう … 小1/2本 (70g)
れんこん … 小1節 (70g)
こんにゃく … 1/2枚 (120g)
里いも … 中5個 (150g)
にんじん … 小1本 (70g)
しめじ (またはしいたけ)
　… 1/2パック (70g)
あればきぬさやまたはいんげん … 少々
サラダ油 … 大さじ1

A｜水 … 1カップ
　｜顆粒和風だし … 小さじ1
砂糖 … 大さじ2
酒 … 大さじ2
しょうゆ … 大さじ2
みりん … 大さじ1

作り方

1 鶏肉はひと口大に切り、しょうゆ、酒各小さじ2 (分量外) で下味をつける。

2 ごぼうは皮をこそげ取り、7mm厚さの斜めに切ってから水にさらす。れんこんは皮をむき、7mm厚さの半月切りかいちょう切りにし、水にさらす。

3 こんにゃくはすりこ木などでたたいてから、手でひと口大にちぎり、5分ほどゆでてざるにあげる。里いもは皮をむいてひと口大に切り、さっとゆでてざるにあげる。

4 にんじんは皮をむいてひと口大の乱切りに、しめじは石づきを落としてほぐす。きぬさやは筋を取り、大きければ斜め切りにする。

5 鍋にサラダ油を中火で熱し、1を入れ (油がはねるのでふたをするとよい)、焼き目がついたら裏返す。

6 5にごぼう、にんじん、こんにゃく、れんこん、里いも、しめじを順に加えて炒める【コツ1】。全体に油が回ったら、Aを加え、沸騰したらアクをすくい取る。

7 砂糖、酒を加え、アルミホイルで落としぶたをしてふたものせ、やや火を弱めて10分ほど煮る。

8 しょうゆを加え、具材がやわらかくなり、煮汁が少なくなるまで煮て、もう一度落としぶたをしてふたもずらしてのせ、7分煮る。

9 きぬさや、みりんを加え、やや火を強めて鍋を返しながら煮つめて照りを出す。

コツ①
具材は火の通りにくいものから順に加えていくと、煮くずれしない。

レシピ作者
JUNちゃん

1人当たり
221kcal

スタッフメモ　素材ひとつひとつをきちんと下ごしらえをしてあるので、格別な味わい。

つくれぽ
この照り加減、とってもお勉強になりましたぁ！子供もパクっ嬉しい！

ポトフ

[野菜がとろける!! 簡単ポトフ] レシピID 313406

材料 [4〜5人分]

- ベーコン … 100g
- じゃがいも … 3個
- にんじん … 1本
- <u>大根 … 10cm</u> ← 煮くずれしやすいかぶより煮込むほど味がしみる大根を使って。
- 玉ねぎ … 1個
- キャベツ（または白菜）… 3〜4枚
- オリーブオイル（またはサラダ油）… 大さじ2
- 顆粒コンソメスープの素 … 大さじ3
- ウインナー … 6本
- 塩、こしょう … 各少々
- パセリ（みじん切り あれば）… 少々

作り方

1. ベーコンは食べやすい大きさに切る。じゃがいも、にんじん、大根は皮をむき、お好みの大きさに切る。玉ねぎ、キャベツもお好みの大きさに切る。
2. 鍋にオリーブオイルを入れて熱し、1のベーコンを軽く炒め、野菜をすべて入れて炒める。全体に油が回ったら、かぶるくらいの水（分量外）、コンソメを加え、やわらかくなるまで煮て、塩、こしょうで味をととのえる。
3. 2にウインナーを加え【コツ1】、再び煮立ったら火を止める。
4. 器に3を盛り、あればパセリをふる。

コツ①

ウインナーは一緒に煮込むと割れてしまうので最後に加えるのがポイント。

レシピ作者 hisayok527

1人当たり **353kcal**

スタッフメモ　大根を入れているのが目新しい！ キャベツのかわりに白菜を使っても◎。

つくれぽ

余っていたお野菜をいっぱい入れた温かいスープでおいしかったです！

ラタトゥイユ

[夏野菜の煮込み　ラタトゥイユ。] レシピID 1176530

材料［3〜4人分］

- ピーマン … 3〜4個
- ズッキーニ … 1本
- なす … 中2本
- トマト … 中2個
- 玉ねぎ … 1個
- にんにく … 4かけ　← にんにくがたっぷり入るのでパンチがあり、スタミナもつく。
- ダイストマト缶 … 1缶
- オリーブオイル … 大さじ4
- 塩（できれば岩塩など）… 適量

作り方

1. にんにくは芽を取り、みじん切りにする。
2. ピーマンはへたと種を取り、ズッキーニ、なす、トマトはへたを取り、玉ねぎとともに1.5cm角に切る。なすだけは水にさらして水けをきる。
3. 厚手の鍋にオリーブオイル、1を入れて弱火で熱して炒める。香りが出たら弱めの中火にし、玉ねぎを加えて炒める。
4. 全体に油が回ったら、**塩ひとつまみを入れ、さらに炒める。ピーマン、ズッキーニ、なすの順に加え、その都度塩ひとつまみを加えて炒める【コツ1】**。
5. 4にトマト、トマト缶を加え、煮立ったら弱火にしてふたをし、ときどき底を返すようにして30〜40分煮る。味を見て、薄ければ塩で味をととのえる。

コツ1

ピーマン、ズッキーニ、なすを炒めるときはその都度塩を加えて炒め合わせて。

レシピ作者　happy sky

1人当たり　203kcal

スタッフメモ　パンにのせたり、チキンソテーにかけたり、パスタのソースにしてもおいしい。

> **つくれぽ**
> お野菜たっぷりですね！明日は冷やして食べるのが楽しみです♪

クリームシチュー

「シチューの素はもういらない!!これでOK」

レシピID 340598

つくれぽ
このレシピを知ってからシチューの素を買ってません☆御馳走様です

材料 [4人分]

- じゃがいも … 2個
- にんじん … 1/2本
- かぼちゃ … 1/4個
- 玉ねぎ … 1個
- 鶏もも肉（または鶏むね肉）… 1枚
- 小麦粉 … 大さじ2強〜

A
- 牛乳 … 1½カップ
- 水 … 1カップ

- 固形コンソメスープの素 … 2個
- 塩、こしょう … 各少々
- パセリ（飾り用）… 適量

作り方

1. じゃがいもとにんじんは皮をむき、かぼちゃは種とわたを取り、玉ねぎとともに角切りにする。鶏肉は食べやすい大きさに切る。
2. 鍋にサラダ油（分量外）を熱して鶏肉、野菜を入れ、塩、こしょうをしてよく炒める。玉ねぎが透き通ってきたら、いったん火を止める。
3. **2に小麦粉をふり入れ、火を止めた状態で全体になじませる。** Aを入れて軽く混ぜ、コンソメを加えて再び火にかける。
4. 全体にとろみがつくまで混ぜ、煮立ってきてとろみがついたら弱火でしばらく煮込む。このとき、それぞれお好きなとろみ加減を水（分量外）で調整する。塩、こしょうで味をととのえる。

レシピ作者 おりひめママ

1人当たり 369kcal

スタッフメモ かぼちゃの甘味が出ておいしかったです。きのこ類を入れても、とっても合いそう。

麻婆なす

[絶品！子供が大好きな麻婆茄子♪]

レシピID 821400

材料 [4人分]

- なす … 中4～5本
- ひき肉 … 200g
- にんにく … 1かけ
- しょうが … 1かけ
- 豆板醤 … 小さじ1
- A
  - 水 … 1½カップ
  - 鶏ガラスープの素 … 小さじ1
  - オイスターソース … 大さじ1
  - 砂糖 … 大さじ1
  - しょうゆ … 大さじ3
- 水溶き片栗粉
  - 片栗粉 … 大さじ1
  - 水 … 大さじ2

作り方

1. なすはへたを取り、縦6～8等分に切る。
2. にんにく、しょうがはみじん切りにする。
3. Aは混ぜ合わせる。
4. 中華鍋にサラダ油（分量外）を熱し、弱火で2を炒める。香りが出たら強火にし、**ひき肉、豆板醤を入れ、ほぐしながら炒める**。
5. ひき肉の色が変わったら、油が少なければ足して1を加えて炒める。なすがしんなりしてきたら、3を入れ、煮立ったら水溶き片栗粉でとろみをつける。仕上げに香りづけのごま油を入れてもOK。

つくれぽ
ナスはもちろん、豆腐や白菜と何度もリピしています！美味しい！

レシピ作者 オリンタ

1人当たり **204kcal**

スタッフメモ　しょうゆがきいているので、中華おかずのあの脂っぽさがなく、あっさり和風テイストです。

つくれぽ
もう鉄板♡何度もお世話になってます♡
シャキ②歯応え最高〜！！

野菜炒め
[基本の野菜炒め] レシピID 2639928

材料［2人分］
豚肉 … 100g
A｜しょうゆ、酒 … 各小さじ1/2
にんじん … 1/3本
キャベツ … 大3枚
もやし … 1/2袋
にんにく（みじん切り）… 1かけ分
しょうが（みじん切り）… 1かけ分

B｜しょうゆ、オイスターソース、
　　顆粒中華だし … 各小さじ1/2
　　塩 … 小さじ1/4
　　こしょう、ラー油 … 各少々
ごま油 … 小さじ1

作り方
1. 豚肉はAで下味をつけてもみ込む。
2. にんじんは皮をむいて短冊切りに、キャベツは大きめのざく切りにする。もやしはさっとゆでる。
3. 中華鍋にサラダ油（分量外）をしいて熱し、にんにく、しょうがを炒め、香りが出たら1を炒める。
4. 豚肉の色が変わったら、にんじんを入れてさらに炒めて火を通し、**キャベツ、Bを加えて強火で炒める。もやしを加えて手早く炒め合わせ**、仕上げにごま油を回し入れ、火を止める。

レシピ作者 けゆあ

1人当たり 413kcal

スタッフメモ　にらを加えるとより食欲をそそるメニューに。仕上げのごま油で香りが豊かになります。

ゴーヤチャンプル
[旨い！ゴーヤチャンプル] レシピID 1515963

つくれぽ
ゴーヤが苦すぎず、豚肉がトロッとしててマジうまい。妻絶賛！

材料 [4人分]
- ゴーヤ … 1本（20〜25cm）
- 木綿豆腐 … 200g
- 豚肉 … 150g
- 卵 … 2個
- 塩、こしょう … 各適量
- 小麦粉 … 大さじ1
- オリーブオイルまたはサラダ油 … 適量
- ごま油 … 大さじ1
- A
  - 酒、オイスターソース … 各大さじ1
  - しょうゆ … 大さじ1½
  - 顆粒和風だし … ティースプーン1杯
- かつお節 … 1袋

作り方
1. ゴーヤは種とわたをスプーンで除き、薄切りにする。**塩大さじ1でもみ、ひたひたの水を加えて10分おく**。塩けを洗い流し、水けを絞る。
2. 豆腐は食べやすい大きさに切り、キッチンペーパー3〜4枚で包んで、600Wの電子レンジで1分ほど加熱する。
3. 豚肉は食べやすい大きさに切り、塩、こしょうをしてから小麦粉をまぶす。
4. フライパンにオリーブオイルを熱して2を炒め、焦げ目が軽くついたらいったん取り出す。
5. 4のフライパンにごま油を足して熱し、3、1の順で炒め、肉の色が変わったら、4を戻し入れ、混ぜ合わせたAで調味する。溶き卵を回し入れ、かつお節を加えて全体にからめる。

レシピ作者 ひまわり。chan

1人当たり 238kcal

スタッフメモ　豚肉に小麦粉をまぶしているので、炒めてもパサつかず、やわらかいです。

酢豚

[簡単！豚こま団子でヘルシー！揚げない酢豚] レシピID 1844259

材料 [2 〜 3 人分]

豚こま切れまたは切り落とし肉 … 300g
A | 塩、こしょう … 各少々
　 | しょうゆ … 小さじ1
片栗粉 … 大さじ1½〜2
にんじん … 1/2本
ピーマン … 2個
玉ねぎ … 大1/2個
サラダ油 … 少々
たれ
　| しょうゆ、酒 … 各大さじ1
　| 砂糖 … 大さじ1½
　| トマトケチャップ … 大さじ2
　| 酢 … 大さじ3
　| 練り状中華スープの素または
　　　鶏ガラスープの素 … 小さじ1
　| 片栗粉 … 小さじ1〜

作り方

1 たれはよく混ぜ合わせておく。
2 にんじんはひと口大に切り、耐熱容器に入れてラップをかけ、600Wの電子レンジで1分30秒加熱する。玉ねぎはくし切りに、ピーマンはへたと種を取り、ひと口大に切る。
3 豚肉はAをもみこみ、**3cmくらいにギュッと握って【コツ1】**片栗粉をまぶす。
4 フライパンにサラダ油を熱し、にんじん、ピーマン、玉ねぎを炒める。玉ねぎが透き通ってきたら、いったん取り出す。
5 4のフライパンに少しサラダ油を足し、**3を並べて焼く。きつね色になったら**、裏返してふたをし、弱火で5〜6分焼く。
6 両面がきつね色になったら、余分な脂をペーパータオルでふく。4を戻し入れ、1を加えてとろみがつくまで炒め合わせる。

コツ1

手でギュッと握って成形し、ブロック肉に見立てる。

肉が焼き固まるまで触らないこと！

レシピ作者
りょーーーこ

1人当たり
276kcal

スタッフメモ　ケチャップ風味なのでピーマンが苦手な子どもでもおいしくいただけます。

48

> **つくれぽ**
> 野菜が沢山取れてヘルシーだし、肉はガッツリ！また作ります。

ピーマンの肉詰め

[とろ〜り♪ピーマンの肉詰め。]
レシピID 30492

材料 [3〜4人分]

- ピーマン … 小9個
- 合いびき肉 … 300g
- 長ねぎ … 1/3本
- パン粉 … 大さじ3
- 卵 … 1個
- A
  - しょうゆ … 大さじ2
  - みりん … 大さじ2
  - 顆粒だしの素 … 大さじ1
  - 砂糖 … 大さじ1
- 水溶き片栗粉 … 適量

作り方

1. ピーマンは縦半分に切り、へたと種を除く。長ねぎは細かく刻む。
2. ボウルにひき肉、長ねぎ、卵、パン粉を入れ、よく混ぜ合わせ、1のピーマンに等分に詰める。
3. フライパンにサラダ油(分量外)を適量引き、2の肉面を下にして並べ、中火でこんがりと焦げ目がつくまで焼く。
4. 別の鍋に水250ml(分量外)、Aを入れて火にかける。3のピーマンの面を下にして並べ、ふたをして弱めの中火で5〜6分煮込む。肉に完全に火が通ったら、器に盛る。
5. 4の残った煮汁に水溶き片栗粉を入れて好みのとろみをつけ、4にかける。

肉だねはすき間のないようにピーマンにギュッと詰めて。

レシピ作者 ラビー

1人当たり **254kcal**

つくれぽ

冷めても美味しい♡お弁当にもぴったりです!またリピします!

スタッフメモ ケチャップではなく、とろっとした和風だれでいただくのが新鮮!

しいたけの肉詰め

[笑顔になっちゃう♡シイタケの肉詰め]

レシピID 693802

レシピ作者：腹の上のポニョポニョ

1人当たり 298kcal

つくれぽ
片栗粉でくっついて調理しやすかった♪うまく照りてりにできました♡

材料 [2人分]

- しいたけ … 6枚
- A
  - 合いびき肉 … 100〜150g
  - 卵 … 1個
  - しょうが(チューブ) … 小さじ1
  - 塩、こしょう … 各少々
- サラダ油 … 適量
- 片栗粉 … 適量
- ウチの甘辛★万能ダレ★ (レシピID701600)
  - 砂糖 … 大さじ2
  - 酒 … 大さじ2
  - みりん … 大さじ2
  - しょうゆ … 大さじ2
  - 豆板醤 … 小さじ1/4〜

作り方

1. しいたけは軸を切り、軸のやわらかい部分はみじん切りにする。ボウルにAと軸を入れて粘りが出るまで混ぜる。
2. 1のしいたけに片栗粉を薄くまぶし、1の肉だねを6等分にして詰める。
3. フライパンにサラダ油を引いて強火で熱し、2の肉面を下にして並べる。すぐに弱火にしてふたをし、両面を色よく焼く。
4. ふたを取り、余分な脂はキッチンペーパーなどでふき取る。ウチの甘辛★万能ダレ★を入れてフライパンを揺すりながら中火で煮からめ、全体に照りを出す。

スタッフメモ ぷりっとしたしいたけの歯応えと、お肉のジューシーさがベストマッチング。

チンゲン菜炒め

[チンゲン菜ときのこのオイスターソース] レシピID 12913288

材料 [4人分]

- チンゲン菜 … 2株 (250g)
- しいたけ、しめじ、まいたけなど … 合計150g
- にんじん … 小1/4本
- にんにく … 1かけ
- サラダ油 … 大さじ1
- A | オイスターソース、酒 … 各大さじ1
    | 鶏ガラスープの素、片栗粉 … 各小さじ2
    | 水 … 80㎖

※きのこは1種類でもOK！

作り方

1. チンゲン菜は葉と軸に切り分け、軸は6つ割りにする。**にんじんはピーラーで薄いリボン状にする【コツ1】**。
2. しいたけは軸を取って厚めのそぎ切り、しめじ、まいたけは根元を落としてほぐす。にんにくは薄切りにする。
3. Aはよく混ぜ合わせておく。
4. フライパンにサラダ油を中火で熱し、にんにくを炒め、香りが出たらチンゲン菜の軸をしんなりするまで炒める。
5. 4ににんじん、きのこ類を炒め、チンゲン菜の葉も加えてさらに炒める。全体に火が通ったら、3を加えて混ぜてからめ、火を止める。

コツ1

にんじんはピーラーで薄切りにするとすぐに火が通って時短に。

レシピ作者　JUNちゃン

1人当たり　72kcal

スタッフメモ　お肉が入っていなくてもオイスターソースときのこの旨みでボリューム満点！

つくれぽ
きのこの旨味がおいしい〜！我が家の定番になりそう♪

八宝菜

[簡単1品★激うま！激安！とろ～り八宝菜☆]

レシピID 11818144

材料 [2～3人分]

豚肉 … 100g
A | 塩、こしょう … 各少々
　| 酒、ごま油 … 各小さじ1/2
　| 片栗粉 … 小さじ1
しょうが … 小さじ1/2
　（みじん切り・チューブでも可）
キャベツ … 大1/8個
にんじん … 1/3本
玉ねぎ … 1/2個
きくらげ（水でもどして細切り）
　… 少々

B | 水 … 350㎖
　| 練り状中華スープの素、砂糖
　|　… 各小さじ1
　| しょうゆ … 大さじ2
　| オイスターソース
　|　… 小さじ1½
水溶き片栗粉
　| 片栗粉 … 小さじ3
　| 水 … 小さじ4
ごま油 … 小さじ1

作り方

1. 豚肉は小さめのひと口大に切ってポリ袋に入れ、Aを加えてよくもみ込む。
2. キャベツは3cm角、にんじんは薄切り、玉ねぎは1cm幅に切る。
3. フライパンにサラダ油（分量外）を引いてしょうがと1を入れて炒め、肉の色が半分ほど変わったら、にんじん、玉ねぎを加え、5割ほど火を通す。
4. 3にキャベツを加え、強火で少ししんなりするまで炒める。きくらげ、Bを加え、しっかりと火が通るまで煮る。
5. **いったん火を止め、水溶き片栗粉を回し入れ、再び火にかける。しっかり沸騰させてよく混ぜ【コツ1】**、とろみがついたらごま油をたらす。

コツ①

水溶き片栗粉は必ず火を止めてから加え、手早くかき混ぜながら火を通すこと。

レシピ作者
smooth

1人当たり
175kcal

スタッフメモ　お好みでいかやむきえび、うずら卵の水煮などを加えても。

> **つくれぽ**
> 水溶き片栗粉はじめてダマにならずに作れました♡美味で感謝♪

回鍋肉

[簡単♪おうちでお店みたいな☆回鍋肉]

レシピID 1047848

レシピ作者
wakwaksan

1人当たり
462kcal

スタッフメモ 甜麺醤の甘みが、野菜とお肉の旨味をしっかり引き出してくれました。

> **つくれぽ**
> ほんとにお店みたい♪（笑）山盛りがすぐに無くなりました！！

材料 [たっぷり2人分]

豚バラ薄切りまたはこま切れ肉 … 150g
キャベツ … 1/6個
長ねぎ … 1/3本
ピーマン … 1〜2個
サラダ油 … 大さじ1
A｜しょうゆ、甜麺醤、酒 … 各大さじ1
　｜砂糖 … 小さじ2
　｜豆板醤 … 小さじ1〜2
　｜水 … 大さじ2
　｜片栗粉 … 小さじ1弱
　｜あればにんにく（チューブ）… 1cm

作り方

1. Aはよく混ぜ合わせておく。
2. キャベツ、へたと種を取ったピーマンはざく切り、長ねぎは斜め薄切りにする。
3. フライパンにサラダ油を強火で熱し、豚肉を炒め、**色が変わったら長ねぎ、キャベツ、ピーマンの順に加え、さっと炒める【コツ1】**。
4. 火を弱めて1をもう一度よくかき混ぜてから加え、1〜2分炒めて全体になじんでから火を止める。

コツ 1
野菜の炒め時間はちょっと固いくらいが目安。こうすると余分な水分が出にくい。

青椒肉絲
[子供が絶賛♪チンジャオロース] レシピID 5252217

材料［4人分］
- 牛肉 … 250g
- 片栗粉 … 適量
- たけのこ水煮 … 小2個
- ピーマン … 中3個
- A
  - オイスターソース、しょうゆ、みりん … 各大さじ1
  - 酒 … 大さじ2
  - 練り状中華スープの素 … 小さじ1/2 ← 鶏ガラスープの素なら、小さじ1くらい。
  - 砂糖 … 小さじ1
- ごま油 … 適量

作り方
1. 牛肉は細切りにしてお酒と塩各少々(分量外)をなじませ、**片栗粉をまぶす**。
2. **たけのこ、へたと種を取ったピーマンは細切りにする**。
3. 鍋にごま油を熱し、1を入れて炒め、色が変わったらいったん取り出す。
4. 3のフライパンに油を足して2を炒め、火が通ったら3を戻し入れてさらに炒める。混ぜ合わせたAを回し入れ、火を通し、火を止める。

レシピ作者 **のりこりん**

1人当たり **220kcal**

つくれぽ
おいしい〜家にある調味料でできるのがありがたいです(*^^*)

スタッフメモ　子どもも好きそうな味です。赤ピーマンやパプリカを使っても。

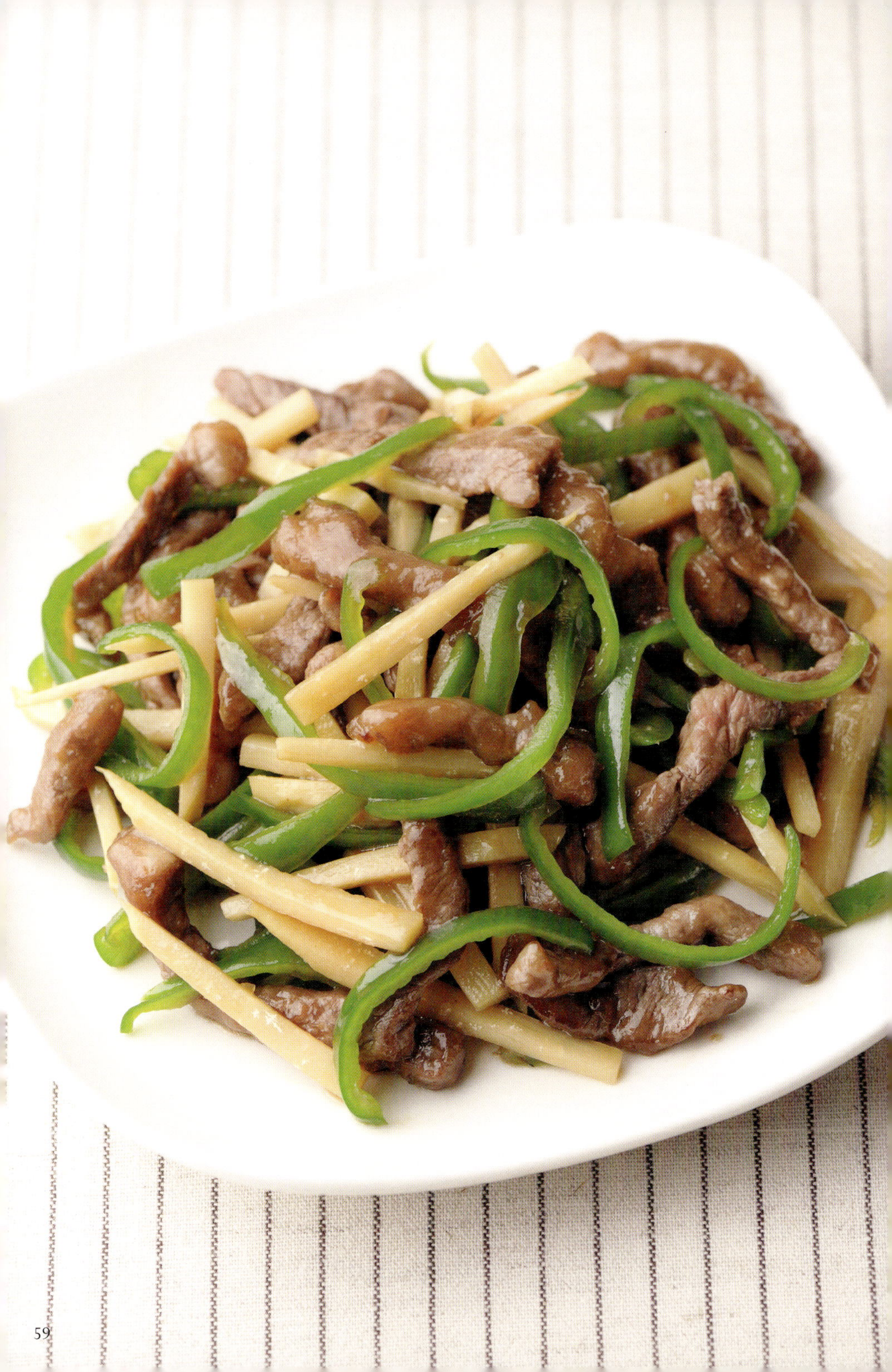

鶏ごぼう

[＊＊鶏むね肉で♪やわらか鶏ごぼう＊＊]

レシピID 1347771

材料 [作りやすい分量]

- 鶏むね肉（または鶏もも肉）… 1枚
- A｜片栗粉 … 大さじ1
  ｜酒、しょうゆ … 各小さじ1
- ごぼう … 小2本
- にんじん … 1/2本
- B｜水 … 1カップ
  ｜みりん … 大さじ2
  ｜酒、砂糖 … 各大さじ1
  ｜しょうゆ … 大さじ2

作り方

1. 鶏肉はひと口大のそぎ切りにし、Aで下味をつける。
2. ごぼうとにんじんは3〜4cm長さに切る。
3. フライパンにサラダ油小さじ2（分量外）を熱して1を入れ、**表面をこんがりと焼き、いったん取り出す【コツ1】**。
4. 3のフライパンににんじん、ごぼうを入れて炒め、油が回ったらBを入れてやわらかくなるまで煮る。しょうゆを加え、野菜が少し色づいたら、3の鶏肉を戻し入れ、煮汁をからめながら汁けが少なくなるまで煮る。器に盛り、あればさやいんげん（分量外）を飾る。

コツ 1
ここでは表面に焼き色をつけるだけで完全に火が通ってなくてもOK。

レシピ作者 emakatu

全量で 977kcal

つくれぽ
娘もゴボウが美味しいと食べました(*^^*)リピ決定！

スタッフメモ もも肉を使うと、さらに柔らかく仕上がります。

アスパラの肉巻き

[居酒屋気分♡アスパラまるごと♪豚つくね]

レシピID 3751118

材料 [4人分]

- アスパラガス … 4本
- つくねだね
  - 豚ひき肉 … 200g
  - ねぎ (小口切り) … 1本分
  - しょうが (すりおろし) … 小さじ1
  - しょうゆ … 小さじ2
  - 卵 … 1/2個分
  - 片栗粉 … 大さじ1
- 酒 … 大さじ2
- A しょうゆ、みりん … 各大さじ2
  - 砂糖 … 小さじ2

つくれぽ
アスパラの歯応えもつくねの食感も味付けも、すべて最高☆

レシピ作者 ドキンたん

1人当たり **192kcal**

作り方

1. アスパラは根元を切り落とし、下の固い皮をピーラーなどでむく。
2. つくねだねを作る。ボウルにすべての材料を入れ、粘りが出るまでこねる。1の上下を残して、アスパラを包むように巻きつける。
3. フライパンにごま油 (分量外) を熱して2を並べ、つくねの表面が色づくまで焼く。**酒を加えてふたをし、蒸し焼きにする。**
4. ペーパータオルで余分な脂を軽くふき、混ぜ合わせたAを加え、全体にからめて照りを出す。

スタッフメモ 見た目のインパクトが食卓で話題になりそう。シャキシャキしたアスパラの食感が◎。

白菜のクリーム煮

[簡単すぐできる☆白菜のクリーム煮] レシピID 1021294

材料 [4人分]

- 白菜 … 1/4株
- 豚こま切れ肉（他の肉、またはベーコンでも）… 200g
- あればしめじ … 適量
- にんにく … 1かけ
- サラダ油 … 大さじ1
- 薄力粉 … 大さじ3
- 牛乳 … 2½カップ
- 固形コンソメスープの素 … 1個

作り方

1. 白菜はざく切りにする。しめじはあれば、根元を切り落とし、ほぐす。にんにくはみじん切りにする。
2. フライパンにサラダ油と1のにんにくを入れて火にかける。香りが出たら、白菜、豚肉、しめじを入れて炒める。
3. 薄力粉をふり入れ、弱火で粉っぽさがなくなり、具材となじむまで炒める【コツ1】。
4. 3に牛乳を少しずつ混ぜながら加える。さらにコンソメも加え、グツグツするまで混ぜながら煮て、塩、こしょう（分量外。各少々）で味をととのえる。

牛乳は少しずつ混ぜながら加えるとダマになりません。

コツ1
具材に薄力粉がきちんとなじむまで弱火で炒める。

つくれぽ
う、旨い！白菜甘味が出てサイコー♪大量消費にもってこいレシピ(笑

レシピ作者 かにころ

1人当たり **288kcal**

スタッフメモ　クリーミーでやさしい味わいなのに、白いごはんとも相性抜群！

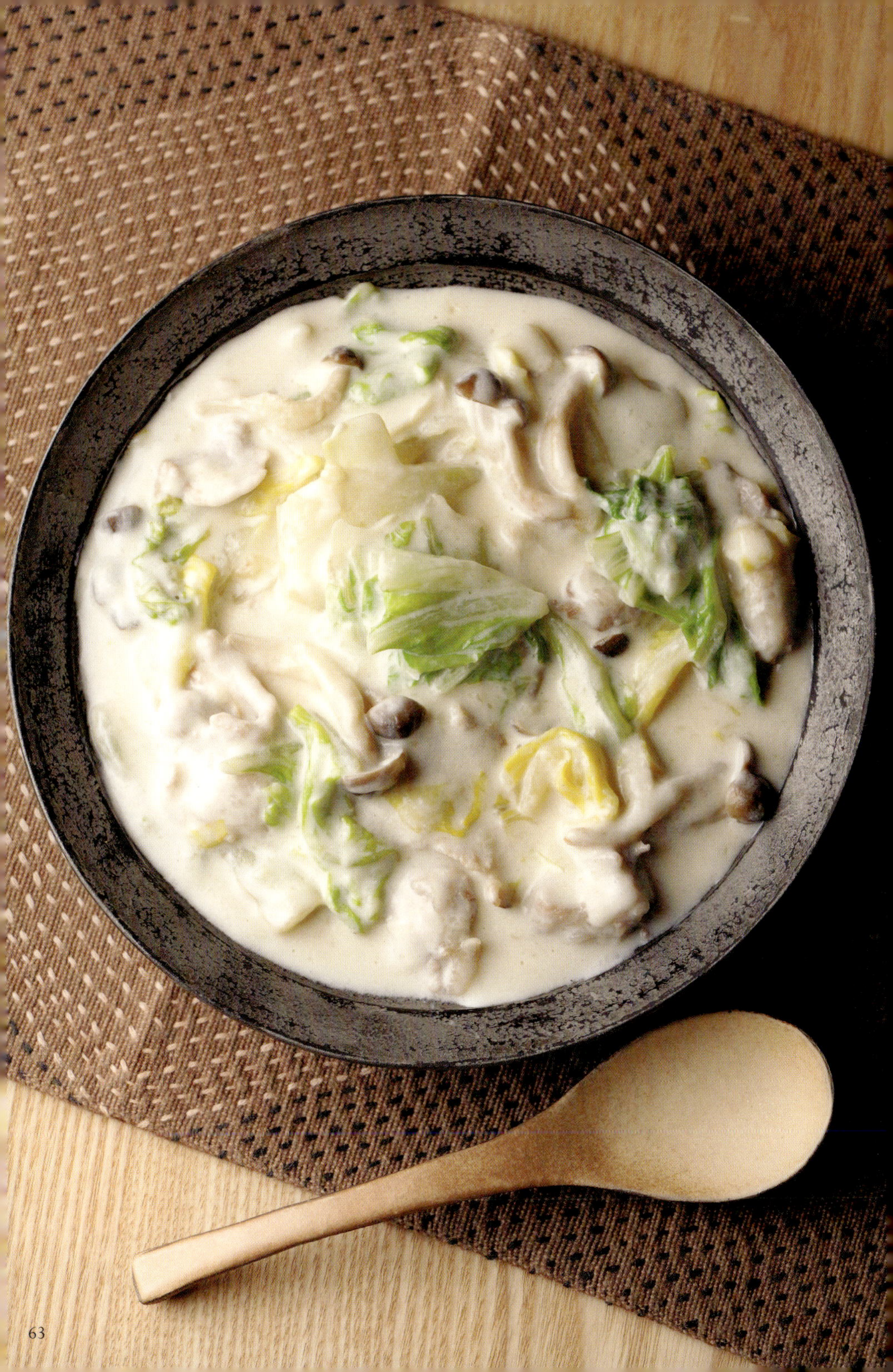

トマトとキャベツのシチュー

[止まらない♪トマトとキャベツのチキンしちゅー＊]

レシピID 147147

レシピ作者
みき姫

1人当たり
286kcal

材料 [3〜4人分]

鶏肉（カレー用もも肉・好みの部位で）
　… 200〜400g
ホールトマト缶 … 1缶 ←湯むきしたフレッシュトマト5〜6個でもOK！
キャベツ … 1/2個
玉ねぎ … 大1個
にんにく … 2〜3かけ
ローリエ … 1〜2枚
塩、黒こしょう … 各適量
トマトケチャップ … 大さじ2
チキンストック（粉末）
　または顆粒コンソメスープの素 … 大さじ1

作り方

1　キャベツは食べやすい大きさに手でちぎる。玉ねぎはざく切りにする。にんにくは芽を取り、包丁の背でつぶす。

2　<u>鍋にホールトマト缶を缶汁ごと入れ</u>、←トマトの缶汁が足りなければ、水30mlを入れる。鶏肉、玉ねぎ、にんにく、ケチャップ、チキンストック、ローリエも入れてざっくりと混ぜる。その上にキャベツを全部のせる。

3　ふたをして火にかけ、1時間ほど煮て、塩、黒こしょうで味をととのえる（圧力鍋の場合、ふたをして加熱し、圧力がかかったら15分、火を止めて自然に圧力が下がるのを待つ。ふたをはずして全体を混ぜて水けを飛ばし、塩、黒こしょうで味をととのえる）。

つくれぽ
油なし煮込むだけ！しかも野菜の水分だけで本当に美味しい♪

スタッフメモ　鍋ひとつで作れるのが忙しい主婦の味方！パスタをからめてもおいしそう。

かぼちゃのグラタン

[簡単☆かぼちゃグラタン] レシピID 1272201

材料 [2人分]

かぼちゃ … 1/2個
玉ねぎ … 1個
バター … 20g
小麦粉 … 大さじ4
牛乳 … 2〜3カップ
固形コンソメスープの素 … 1〜2個
ナチュラルチーズ、パン粉 … 各適量
塩、こしょう … 各少々

作り方

1. かぼちゃは種とわたを取り、ひと口大に切る。耐熱容器に入れてラップをかけ、600Wの電子レンジで4〜5分加熱する。玉ねぎは薄切りにする。
2. フライパンにバターを熱し、玉ねぎを入れてゆっくり炒め、透き通ってきたら、小麦粉を少しずつ入れて混ぜる。
3. 2に牛乳を少しずつ入れ、そのつど混ぜ、(様子を見て牛乳が足りないようなら少し足す)、塩、こしょう、コンソメを加えて混ぜる。
4. **3にかぼちゃを入れ、とろとろになるまで少し煮込む【コツ1】。**
5. 耐熱皿に4を入れ、チーズ、パン粉をのせ、200℃のオーブンで表面に焼き色がつくまで焼く。

コツ1

木べらでかぼちゃをくずしながら煮込むと早い。

レシピ作者
rira。

1人当たり
585kcal

> **つくれぽ**
>
> 甘くてクリーミィな南瓜に、サクサクのパン粉が美味しい♪

スタッフメモ　ホクホクのかぼちゃがクリームソースとベストマッチ。

白菜のうま煮

[☆白菜あったら絶対コレ♪簡単うま煮☆]

レシピID 460383

つくれぽ
安い、簡単、美味しい、三拍子揃ったレシピ、ありがとうございます

材料 [作りやすい分量]
- 白菜 … 1/2株
- ツナ缶 … 小1缶（80g）
- A｜薄口しょうゆ … 大さじ2
  ｜砂糖 … 大さじ1½

作り方
1. 白菜は洗って大きめのざく切りにする。
2. 鍋に1の芯の部分を入れ、弱めの中火にかける。水も油も入れずに白菜から水分が出てくるまで、菜箸などで上下を返しながら10分ほど煮る。
3. 2に1の残りを入れ、ときどき上下を返しながら20分ほど煮る。
4. 3にツナ缶を缶汁ごと加えてひと混ぜし、Aで調味してさらに10分ほど煮る。

※ 白菜の葉が入りきらない場合は2〜3回に分けて。

レシピ作者
gabibi

全量で
397kcal

スタッフメモ　少ない材料でも、手抜き料理に見えないのがグッド！

にら肉炒め
[豚肉もやしニラ炒め]
レシピID 239852

つくれぽ
調味料を混ぜておけばとても簡単で、美味しかったです。リピ決定！！

材料［2〜4人分］
- 豚バラ薄切り肉 … 100g
- もやし … 1袋
- にら … 1/2束
- しょうが … 1かけ
- 塩、こしょう … 各少々
- A
  - オイスターソース … 小さじ1
  - 酒、しょうゆ … 各大さじ1
  - ごま油 … 小さじ1/2
  - ラー油 … 数滴
  - 鶏ガラスープの素 … 小さじ1弱
- 水溶き片栗粉 … 適量

作り方
1. 豚肉は5cm幅に切り、塩、こしょうをする。しょうがはみじん切りにする。にらは5cm長さに切る。
2. **Aは混ぜ合わせておく。**
3. フライパンにサラダ油（分量外）を強火で熱し、豚肉を入れてこんがりとするまで焼く。しょうがを入れて炒め、もやしも加えてふたをし、1分蒸し焼きに。
4. 3に2を入れて調味し、にらを加えてざっと炒め合わせる。水溶き片栗粉を回し入れてとろみをつける。

レシピ作者：ひとひとの素

1人当たり **146kcal**

スタッフメモ　水溶き片栗粉のおかげで、具材に調味料の味がしっかり絡んでいました。

[簡単！かぶの挽肉トロトロあんかけ] かぶのひき肉あんかけ

レシピID 1123384

材料［2人分］

- かぶ（葉つき）… 2個
- ひき肉 … 100g
- A
  - 顆粒和風だし … 小さじ1
  - 酒 … 大さじ1
  - 砂糖 … 小さじ1
  - しょうゆ … 大さじ1½
- 水溶き片栗粉
  - 片栗粉（水で溶く）… 大さじ1

※調味料はかぶの大きさによって量を加減して。

作り方

1. かぶは皮をむいて8等分にする。**葉と茎は4〜5cm長さに切る**。
2. 鍋に水1カップ（分量外）とAを入れ、かぶ、ひき肉を加えて煮る。
3. かぶがやわらかくなったら、水溶き片栗粉を回し入れてとろみをつけ、火を止める。

つくれぽ

難しい工程ゼロで簡単おいしい！かぶトロトロで味も好みです♪

レシピ作者 アンanne

1人当たり 154kcal

スタッフメモ　カラダの芯まで温まるので寒い時期にぴったり。再現料理の写真では、鶏ひき肉を使っています。

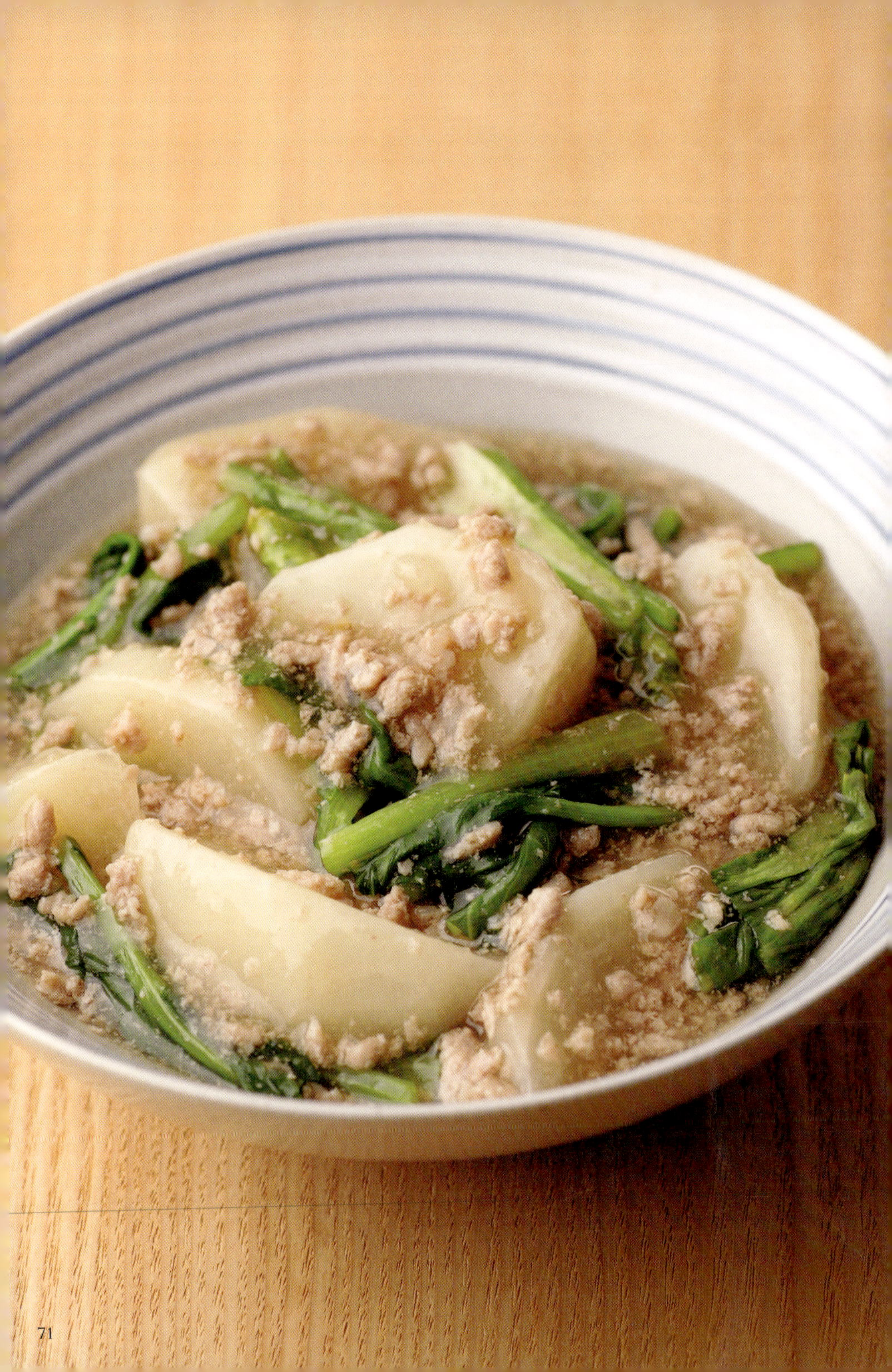

にら玉

[☆ご飯が進む〜♪ニラ玉☆]
レシピID 6342220

材料 [作りやすい分量]

- にら … 大1束
- 卵 … 3個
- 塩 … 小さじ1/2
- こしょう … 少々

A
- しょうゆ … 小さじ2
- オイスターソース … 小さじ1
- 砂糖 … 小さじ2
- 酒 … 小さじ2

サラダ油 … 大さじ1〜

> 合わせ調味料が余ってもほかの炒めものに使える。

作り方

1. にらは洗って食べやすい長さに切る。卵は溶きほぐし、塩、こしょうを混ぜておく。Aは混ぜ合わせておく。
2. フライパンにサラダ油を熱し、温まったら溶き卵を入れて強火で一気にかき混ぜ、半熟卵を作り、いったん取り出す。
3. 2のフライパンに油を少々足して強火でにらを炒め、Aを少し残して加え全体にからめる。2の半熟卵を戻し入れ、全体をざっと混ぜる。味を見て、足りなければ残りのAを加えて味をととのえる。

レシピ作者 ぱんこ625

全量で 415kcal

つくれぽ
ニラ1束もこのレシピならペロリと平らげちゃいますね♪美味しい！

スタッフメモ にらは強火でさっと炒めているので歯ごたえがよく、シャキシャキ！

かき揚げ

[義母レシピ😊野菜かき揚げ]
レシピID 1684951

> **つくれぽ**
> すごいサクサクで感動！かき揚げがこんなに上手に揚げられるなんて！

材料 [4人分]

- 玉ねぎ … 大1個
- にんじん … 1/2本
- ちくわ … 2本

衣
- 小麦粉 … 大さじ5
- 片栗粉 … 大さじ2
- 塩 … 小さじ1/2
- 水 … 1/2カップ

油に入れたら衣が固まるまでできるだけ触らないこと！

作り方

1. 玉ねぎは薄切り、にんじんはせん切り、ちくわは5mm厚さの輪切りにする。すべてボウルに入れ、小麦粉大さじ2（分量外）をまぶしておく。
2. 衣を作る。別のボウルに小麦粉、片栗粉、塩を入れて合わせ、水を加えて菜箸や泡立て器で混ぜる。揚げ油（分量外）適量を用意する。
3. 1に2を入れてざっくりと混ぜる（ゆるければ小麦粉を足す）。**お玉や大きめのスプーンに具材をのせ、低温の揚げ油に静かにずらし入れ、揚げる。**衣のまわりが固まってきたら、返してカラリと揚げる。

レシピ作者
こはがえる

1人当たり
856kcal

スタッフメモ　少し時間が経っても衣がべたつかずおいしさキープ！お好みで塩や天つゆでどうぞ。

副菜

きんぴらごぼう

[フライパンで簡単〜❀きんぴらごぼう❀〜]

レシピID 1743175

「きんぴらごぼう」「いんげんのごまあえ」など、あと1品ほしいときに便利な副菜を集めました。

材料 [2人分]
- ごぼう … 1本 (150g)
- にんじん … 1/3本
- ごま油 … 適量
- 酒 … 40mℓ
- A
  - 砂糖 … 大さじ1½
  - しょうゆ … 大さじ1½
  - みりん … 大さじ2
- いりごま (白・お好みで) … 適量

作り方

1. ごぼうは**洗って泥を軽く落とす【コツ1】**。長さ5〜6cm、幅3mmの斜め切りにしてからせん切りにし、水に2〜3分さらしてざるにあげる。にんじんも皮をむき同様にせん切りにする。
2. フライパンにごま油を熱し、ごぼう、にんじんを炒める。しんなりしてきたら、酒を入れて混ぜ、全体にからめる。
3. 2にAを入れて混ぜ、味見をしてお好みの味にととのえ、煮汁が少し残るくらいまで煮含める。
4. 火を止めたら、**しばらく広げておく**。器に盛り、お好みでいりごまをふる。

コツ 1
アルミホイルを適当な大きさに切って丸めると使い捨てたわしに。

レシピ作者
りーかる

1人当たり
190kcal

スタッフメモ しっかりとした味つけなので冷めてもおいしく、お弁当のおかずにもぴったり。

> **つくれぽ**
> 味が染みててとっても美味しい♥ゴボウの処理に助かりました。

かぼちゃの煮つけ

[家の黄金率で♪かぼちゃの煮物♡]
レシピID 1448171

材料 [作りやすい分量]

- かぼちゃ … 大1/4個（小1/2個）
- A | 水 … 1カップ
  | しょうゆ、酒、砂糖、みりん … 各大さじ2

作り方

1. かぼちゃは**大きめのひと口大に切る**【コツ1】。
2. 鍋にAを入れて強火にかける。煮立ったら1を入れ、アルミホイルで落としぶたをする。強めの中火で煮汁が1/3量になるまで煮て、火を止める。そのまま3分ほどおいて蒸らす。

コツ1 小さめに切ると味がしみすぎたりするので気をつけて。

レシピ作者　なおモカ

全量で **423kcal**

スタッフメモ　ほっとするおふくろの味です。甘すぎず、ホクホクの食感は絶妙です。

きゅうりとわかめの酢のもの

[キュウリ・ワカメ・トマト・生姜の酢の物]
レシピID 2132491

材料 [作りやすい分量]

- きゅうり … 2本
- 乾燥わかめ … 3g
- トマト … 1個
- しょうが（すりおろし）… 小さじ1
- 砂糖、酢 … 各大さじ2½

作り方

1. きゅうりはスライサーなどで薄切りにし、塩（分量外）もみし、軽く水にさらして水けを絞る。わかめは水につけてもどし、水けを絞る。トマトはへたを取り、ひと口大に切る。
2. しょうが、砂糖、酢をよく混ぜ合わせておく。
3. 2に1を入れてあえ、冷蔵庫で30分以上おく。

レシピ作者　＊サラーム＊

全量で **167kcal**

スタッフメモ　さっぱりとした甘めの酢のもの。お酢はりんご酢などお好みのものを使っても。

> **つくれぽ**
> こちらのレシピで苦手だったかぼちゃが大好きに変わりました♪

> **つくれぽ**
> 大人気レシピだね〜！生姜が効いてるのが好き♡体が求めたよ〜笑

里いもの煮っころがし

[里芋の煮ころがし] レシピID 229268

材料 [2人分]
- 里いも… 500g
- 水 … 2カップ
- 砂糖 … 大さじ1
- みりん … 大さじ2
- しょうゆ … 大さじ3

作り方
1. 里いもは皮をむき、**塩（分量外）でもみ水洗いする【コツ1】**。たっぷりの湯を沸かし、弱火で5分ゆで、さっと水で洗う。
2. 鍋に1、水、砂糖、みりん、しょうゆを入れて中火にかける。**煮立ったら弱火にし、煮汁が少なくなるまで煮る【コツ2】**。

コツ1
里いもは塩でもみ洗いする。

コツ2
里いもに味がしみ込むようにときどき鍋をまわしながら煮るとよい。

つくれぽ
上品な味付け＆てりってりできれいにできました(*^^*)

レシピ作者
ひろかずなお

1人当たり
203kcal

スタッフメモ　下処理をきちんとすれば、あとは煮るだけ！素朴な味で何度も作りたくなりそう。

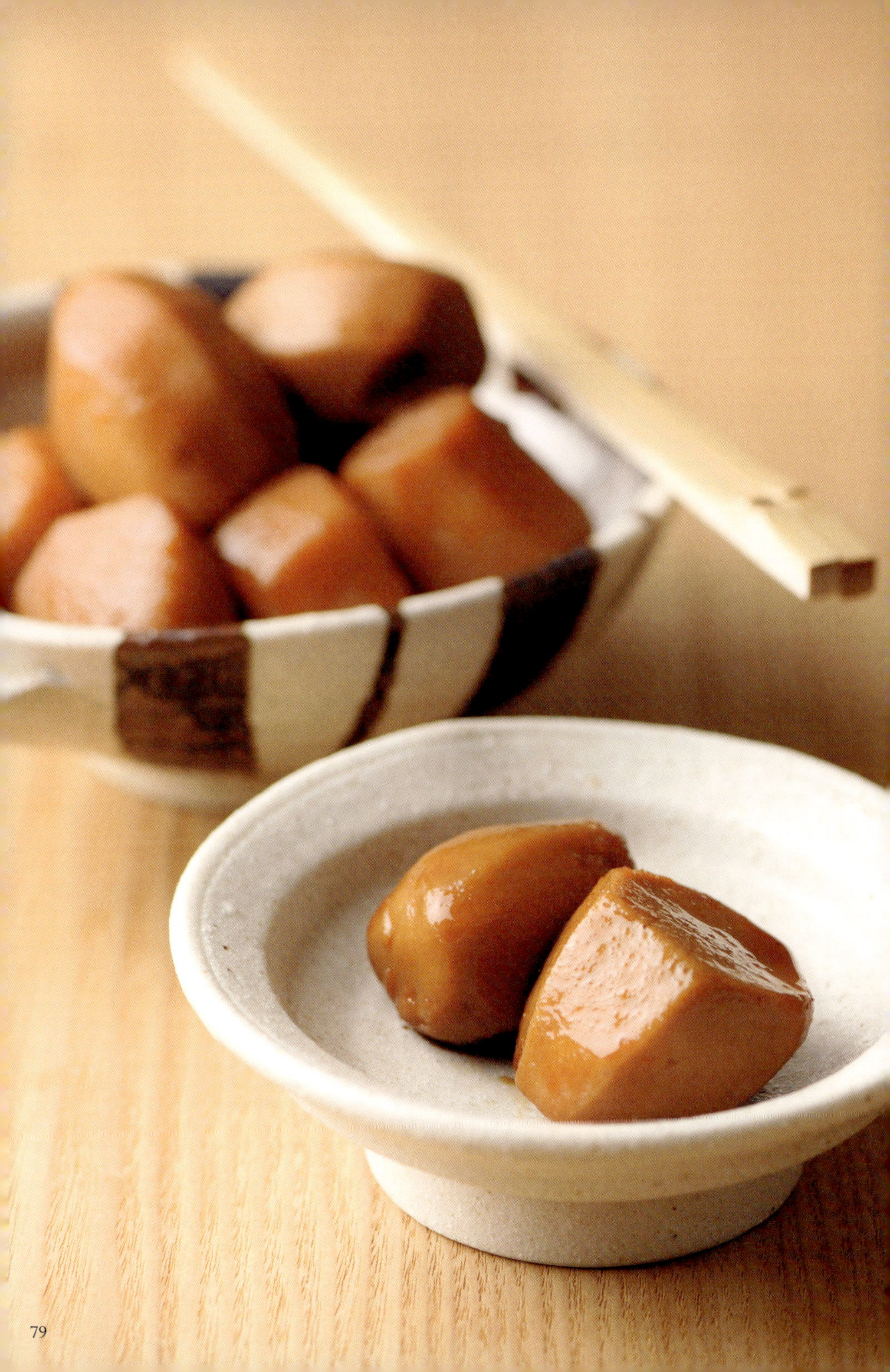

つくれぽ
おひたしに海苔を入れるのは、と〜ってもいいアイデアですね美味感謝

つくれぽ
朝からちゃちゃっと1品足せて嬉しいです♪

80

ほうれん草のおひたし

[海苔鰹の風味で絶品！ほうれん草のおひたし]
レシピID 1993284

材料 [作りやすい分量]

- ほうれん草 … 1袋（200g）
- かつお節 … 2袋（6g）
- 焼きのり … 1/2枚
- A｜しょうゆ、みりん … 各大さじ1
  ｜ごま油 … 小さじ1

作り方

1. ほうれん草は熱湯でゆでてざるにあげ、水にさらす。<u>水けをしっかりと絞って2～3cm長さに切る</u>【コツ1】。
2. ボウルにAを合わせて1をあえる。かつお節を加え、焼きのりを細かくちぎって加えてあえる。

コツ①
味がぼやけないようにほうれん草は手で水けをギュッと絞って。

レシピ作者　かなみにー$
全量で　141kcal

スタッフメモ　マンネリになりがちなおひたしも、あえ衣にごま油を使うとコクがアップして◎。

いんげんのごまあえ

[いんげんのゴマ和え♬]
レシピID 809574

材料 [作りやすい分量]

- いんげん … 200g
- 塩 … 適量
- A｜すりごま（白） … 大さじ1～2
  ｜薄口しょうゆ … 大さじ1½
  ｜砂糖 … 大さじ1
- ごま（白・お好みで） … 適量

作り方

1. いんげんは両端を切り落とす。沸騰した湯に塩といんげんを入れてゆで、ざるにあげて冷ます。
2. Aは混ぜ合わせておく。
3. 1を3等分に切って、<u>2であえる</u>。
4. お好みでごまを加える。

レシピ作者　ゆうかりコアラ
全量で　143kcal

スタッフメモ　簡単にできるので副菜としてだけでなく、夕食後「お酒のおつまみに何かほしい」ときなどにも◎。

野菜の白あえ

[すぐできる☆簡単☆ほうれん草の白和え]
レシピID 571128

材料［3人分］
- 木綿豆腐 … 1/2丁（150g）
- ほうれん草 … 1/2把
- にんじん、しめじ（あれば）… 各30g
- A | 砂糖、薄口しょうゆ … 各大さじ1
    | すりごま（白）… 大さじ1½

作り方
1. 豆腐をざるに入れ、水切りするか、ふきんで包んでよく絞る。
2. ほうれん草は熱湯でゆでてざるにあげ、水にさらす。水けをしっかりと絞って3cm長さに切る。
3. にんじんは小さめの拍子木切り、しめじは根元を切り落としてほぐす。それぞれ耐熱容器に入れてラップをかけ、600Wの電子レンジでにんじんは1分30秒、しめじは40秒〜1分加熱し、粗熱がとれたら水けを絞る。
4. ボウルに1を入れて粗くつぶす。Aを入れて混ぜ、2と3を加えてあえる。

レシピ作者
cafe-cafe

全量で
86kcal

つくれぽ
白和えってすり鉢でめんどくさいイメージだったけど、なんと簡単な！

スタッフメモ　主菜に味付けの濃いものを作ったとき、この白和えがとても合います。

ピクルス

［消費、保存、常備に✲夏野菜の簡単ピクルス］

レシピID 1898623

つくれぽ
おいしくビタミンを摂取(^^) 残り野菜が活用できました！

材料 ［400mlの保存瓶1個分］

- パプリカ（赤・黄）… 各1/2個
- ピーマン … 1個
- きゅうり … 1本
- 玉ねぎ … 1/2個

ピクルス液
- 酢 … 1カップ
- 水 … 180ml
- 砂糖 … 大さじ4
- 塩 … 小さじ2

スパイス類（赤唐辛子、粒マスタード、粒白こしょう）… 各適量

作り方

1. 鍋にピクルス液、スパイス類を入れて火にかけ、煮立ったら火を止める。
2. パプリカ、ピーマンはへたと種を取り、きゅうりとともに5〜6cmの棒状に切る。玉ねぎはくし切りにする。
3. 煮沸消毒をした保存瓶に2を立てて入れ、1を注ぐ。冷蔵庫で2時間以上おく。

レシピ作者　Harada KiTN

全量で 172kcal

スタッフメモ　野菜が手軽にとれる常備菜。セロリ、にんじん、大根、プチトマトなどもおすすめです。

揚げ出し豆腐

[簡単！揚げ出し豆腐きのこあんかけのせ☆]

レシピID 18881159

つくれぽ
お腹いっぱいになってヘルシーでおいしかったです(^-^)v

材料 [2〜3人分]

- 木綿豆腐 … 1丁
- しめじ … 1パック
- えのきだけ … 1パック
- A
  - 水 … 1カップ
  - めんつゆ（3倍濃縮）
    （水1カップに指定の倍率で薄めた量）
- 水溶き片栗粉
  - 片栗粉 … 大さじ1
  - 水 … 大さじ2
- 片栗粉、サラダ油 … 各適量
- しょうが（すりおろし、チューブでもOK）… 適量
- 万能ねぎ（小口切り・飾り用）… 適量

作り方

しっかり水きりすれば、油はねしにくい。

1. 豆腐は6等分にし、**キッチンペーパーなどに包んで重しをし、15分ほどおいて水きりをする**。
2. しめじは石づきを取ってほぐす。えのきだけは根元を切り落とし、半分に切る。
3. 鍋にAを入れて火にかけ、2を入れてさっと煮る。水溶き片栗粉を回し入れてとろみをつける。
4. 1に片栗粉をまぶし、余分な粉をはたく。フライパンに1cmほどのサラダ油を入れ、180℃に熱して揚げる。両面がきつね色になったら、取り出して器に盛る。3をかけ、しょうが、あれば万能ねぎをのせる。

スタッフメモ 少ない油で揚げるときは熱し過ぎに注意しましょう。

レシピ作者
marutan♡

1人当たり
502kcal

切り干し大根の煮もの

[切り干し大根と高野豆腐の煮物] レシピID 1771833

材料 [作りやすい分量]

- 切り干し大根（乾燥）… 20g
- 高野豆腐 … 2個
- にんじん … 1/2本
- 油揚げ（あれば）… 1枚
- ごま油またはサラダ油かオリーブオイル … 適量
- だし汁 … 2カップ
- A｜しょうゆ … 大さじ1½〜
- 　｜酒 … 大さじ1
- 　｜砂糖 … 大さじ1〜
- ごま（白）… 適量

作り方

1. 切り干し大根は軽く洗ってから水でもどし、水けを絞る。
2. 高野豆腐は水でもどして水けを絞り、食べやすい大きさに切る。
3. 油揚げは熱湯を回しかけて油抜きし、にんじんとともに5mm幅の細切りにする。
4. 鍋にごま油を熱し、1と3のにんじんを軽く炒め、だし汁、高野豆腐、油揚げを加えて5分煮る。Aを加え、煮汁が少なくなるまで煮て、仕上げにごまをふる。

レシピ作者 voyage

全量で 440kcal

つくれぽ
リピ☆やっぱり美味しい〜♡高野豆腐が甘くてじゅわわ〜♡幸せ♡

スタッフメモ カルシウムが豊富な高野豆腐が入っていてボリューム感ありの副菜です。

にんじんのしりしり

[あたしんちの人参しりしり★]
レシピID 994290

材料［作りやすい分量］
- にんじん … 1本
- ツナ缶 … 1缶
- サラダ油 … 大さじ1
- A
  - 塩、こしょう … 各少々
  - しょうゆ … 小さじ1
  - 顆粒昆布だし … 小さじ1
- 卵 … 2個

作り方
1. にんじんはせん切りにする【コツ1】。
2. フライパンにサラダ油を熱してにんじんを炒め、続けて缶汁をきったツナ缶を入れて炒める。
3. Aを上から順に入れて調味し、溶きほぐした卵を加えて炒め合わせる。

コツ1 にんじんのせん切りはスライサーを使うと簡単で美しく仕上がる。

レシピ作者 yamita
全量で 351kcal

スタッフメモ　にんじんがしっとりしていて、思った以上にたくさん食べられますよ。

きゅうりの浅漬け

[幼稚園で大人気♪きゅうりのカリカリ漬け]
レシピID 780845

材料［4人分］
- きゅうり … 2本
- 塩 … 小さじ1/2〜1
- A
  - 酢 … 20㎖
  - みりん … 30㎖
  - しょうゆ … 40㎖
- ごま油 … 少々
- いりごま（白）… 大さじ1

作り方
1. きゅうりは斜め切りにし、塩をふってしばらくおく。
2. 耐熱容器にAを入れ、500Wの電子レンジで1分強ほど加熱する。
3. 2にごま油といりごまを加え、1の水けをキッチンペーパーでふきとってから漬け込む。粗熱がとれたら、**冷蔵庫で1時間ほど冷やす**【コツ1】。

コツ1 合わせ酢は少なめなので、漬け込んでいる途中上下を返すとよい。

レシピ作者 syuukai
全量で 38kcal

スタッフメモ　ごま油を少しだけ使っているので、主菜が和食でも中華でも合います。

つくれぽ
沖縄料理店より美味しい〜これからは自分で作ります(*≧∀≦*)

つくれぽ
サッパリ&カリカリ♪3倍量で作りました☆酢とゴマ油がイイ！

なすの煮びたし

[めんつゆでナスの煮浸し]

レシピID 621377

材料 [作りやすい分量]

- なす … 3〜4本
- A
  - めんつゆ（3倍濃縮） … 1/4カップ
  - 水 … 1カップ
- 砂糖 … 小さじ1
- しょうが（薄切り・チューブでも可） … 2枚

作り方

1. なすはへたを取り、**縦半分に切ってから斜めに細かく切り込みを入れ**、2〜3等分にする。
2. **フライパンを熱し、1の皮目を下にして並べ、少し焼き色がつくまで焼く**。なすを裏返してA、砂糖、しょうがを加え、ふたをして弱めの中火で10分ほど煮る。
3. 火を止めて味がしみこむまでしばらくおく。器に盛り、あればしょうがを飾る。

細かく切り込みを入れると味がよくしみる。

サラダ油1/2で焼いてもおいしい。

レシピ作者
tama-ma

全量で
162kcal

つくれぽ
すごく簡単なのに一手間かけたようなとても美味しいお味！リピ決定♪

スタッフメモ　暑い時期なら冷蔵庫で冷やしても食べてもおいしいです。薬味に白髪ねぎをのせても。

きのこ炒め

[しめじと卵で簡単！中華風炒め]

レシピID 11164203

レシピ作者 ぴかあか

全量で **377kcal**

材料 [作りやすい分量]

- しめじ … 2パック
- 卵 … 3個
- A
  - しょうゆ … 大さじ1½
  - 酢 … 大さじ3/4
  - 砂糖、片栗粉 … 各大さじ1
  - 顆粒中華だし … 小さじ2
  - 水 … 3/4カップ
  - 豆板醤 … 小さじ1/2〜
- ごま油 … 適量

つくれぽ
卵としめじだけで十分なおかずに♪また作ります(^-^)/

作り方

1. しめじは石づきを取り、ひと口大に分けてさっとゆでる。
2. 卵は溶きほぐし、サラダ油（分量外）をしいたフライパンで大きめの炒り卵を作り、いったん取り出す。
3. Aは混ぜ合わせ、フライパンに入れて弱火〜中火でダマにならないように木べらなどでゆっくりと混ぜる。
4. ゆるくとろみがついたら、1と2を入れ、水けがなくなりとろみがしっかりとからむまで炒める。仕上げにごま油を回し入れ、さっと混ぜ合わせて火を止める。

> 調味料をダマにならないようによくかき混ぜて。

スタッフメモ　トロトロのあんは白いごはんとも好相性！アクセントに万能ねぎをのせても。

生春巻き

[簡単に巻ける生春巻きの巻き方]
レシピID1064412

レシピ作者
みぞれっち ファン

1人あたり
60kcal

スタッフメモ　5種類の野菜が入っていてヘルシー！生ハムの塩けもアクセントになっていますね。

材料 [4本分]

ライスペーパー … 4枚
えび (生食用) … 12尾
生ハム … 8枚
にんじん … 1/2本
大根 … 1/4本
きゅうり … 1本
スプラウト … 1パック
レタス … 適量
香菜 (あれば) … 適量
スイートチリソース (市販品) … 適量

作り方

1 にんじん、皮をむいた大根、きゅうりはせん切りにする。えびはさっとゆでて、冷ます。

2 まな板にラップを敷いて霧吹きをかけておく。

3 ライスペーパーは約70℃の湯にさっとくぐらせ、2のラップの上におく。

4 3に生ハムを2枚ずつおき、1の野菜、スプラウト、あれば香菜を順にのせ、最後にレタスをかぶせる。**ラップと一緒に一気にぐるっと1周巻き、すき間にえびをのせ、さらに巻く**。これを全部で4本作る。

5 4を三等分に切って器に盛り、スイートチリソースをつけて食べる。

巻き方がゆるいと見た目がくずれて食べにくくもなるので、きつめに巻くようにして。

つくれぽ

いつも苦労していたのが嘘のように簡単に巻けました
(๑'ᴗ'๑)

こんにゃくと玉ねぎの炒り煮

[♪こんにゃくと玉ねぎ☆甘辛≡生姜焼き♪]

レシピID 1126047

レシピ作者
矢切のねぎちゃん

1人当たり
70kcal

材料 [4人分]

- こんにゃく … 1枚
- 玉ねぎ … 1個
- ごま油 … 大さじ1/2
- A｜酒 … 大さじ2
  ｜砂糖 … 大さじ1/2
  ｜みりん … 大さじ2
- しょうゆ … 大さじ2
- しょうが（すりおろし）… 20g

作り方

1. こんにゃくは両面に格子状の切り込みを入れ、小さめのひと口大に手でちぎる。熱湯で1分ほどゆで、ざるにあげる。玉ねぎはくし切りにする。
2. 鍋にごま油を熱して玉ねぎを炒め、しんなりして焼き色がついたら、こんにゃくも加えて炒め合わせる。
3. 2にAを上から順に加えて2分ほど炒め、しょうゆ、しょうがも加え、**煮汁がなくなるまで混ぜながらしっかり煮つめる**。火を止めてそのまま冷まし、味をなじませる。

つくれぽ
生姜がきいててサッパリおいしい！蒟蒻でヘルシーなのもうれしい☆☆

スタッフメモ しょうががきいているので、体の芯までポカポカになります。

焼きなす

[ウチの焼きナス] レシピID 844476

材料 [作りやすい分量]

なす… 4本
A｜しょうゆ… 大さじ4
　｜砂糖… 大さじ2
　｜すりごま (白) … 大さじ2
　｜しょうが… 1かけ
オリーブオイルまたはごま油… 適量

作り方

1. なすはへたを取って縦4等分にし、水にさらしてアクを抜く。
2. ボウルにAを混ぜ合わせておく。
3. フライパンにオリーブオイルを少し多めに入れて熱し、水けをきった1を並べ、両面をこんがりと焼く。
4. 焼き上がったなすから順に2にくぐらせ、器に盛る。残ったAを上からかけ、あれば万能ねぎを飾る。

レシピ作者
makoto♪

全量で
314kcal

つくれぽ

おいしすぎて食卓だす前に完食でした(笑)絶対また作りますッ♥★

スタッフメモ 残ったAをかける量で味の濃淡をつけることができます。

オクラのマリネ

[焼きオクラの生姜マリネ] レシピID 396130

材料 [4人分]
- オクラ … 2パック
- しょうが（すりおろし・チューブ可）… 小さじ1/2
- A｜砂糖、しょうゆ … 各大さじ1/2
  ｜酢、サラダ油 … 各大さじ1½

作り方
1. オクラはきれいに洗ってへたを取り、ガクをむく。
2. Aに塩ひとつまみ（分量外）を入れ混ぜ合わせておく。
3. **フライパンに1を並べ、素焼きする【コツ1】。**
4. 2に3を加えてなじませ、ときどき上下を返しながら冷蔵庫でよく冷やす。

コツ1 オクラは油を引かずに素焼きにする。

レシピ作者 せつぶんひじき

1人当たり **57kcal**

つくれぽ
いつもと違うオクラの食べ方！食べ応えあり箸が止まりませんでした☆

スタッフメモ　オクラを焼いたら熱いうちにマリネ液に漬け込みましょう。

ゴーヤのおひたし

[冷やして食べて〜♪ゴーヤーのおひたし]
レシピID 594259

材料 [作りやすい分量]

ゴーヤ … 1/2本
A │ しょうゆ、みりん … 各大さじ1
　│ ごま油 … 小さじ1
　│ 赤唐辛子（お好みで）… 少々
かつお節 … 少々

作り方

1. ゴーヤは白いわたの部分をスプーンできれいに除き、薄切りにする【コツ1】。
2. 鍋に熱湯を沸かし、1を手早くゆでてざるにあげて冷まし、手で水けをしっかりと絞る。
3. ボウルにAを混ぜ合わせ、2を入れてあえ、冷蔵庫で冷やす。器に盛り、かつお節をのせる。

コツ 1
ゴーヤはなるべく薄く切るとよい。

レシピ作者
ミルチャンママ

全量で
67kcal

つくれぽ
にがうまー！そんなに苦味も強くないからたべやすかったです。★

スタッフメモ　ゴーヤはさっとゆでてあるので、苦みもほどよくなって箸が進みます。

大根とこんにゃくのピリ辛炒め

[ピリ辛ころころ大根とこんにゃく] レシピID 266542

材料［2～3人分］
- 大根 … 適量
- こんにゃく … 1丁
- ごま油 … 少々
- 砂糖 … 大さじ1½
- しょうゆ … 大さじ1
- 顆粒和風だしの素 … 少々
- かつお節 … 小1袋
- 一味唐辛子 … 少々

作り方
1. 大根は皮をむいて食べやすい大きさの角切りにする。
2. **こんにゃくは両面に網目状の切り目を入れて【コツ1】**、食べやすい大きさの角切りにする。
3. 鍋にごま油を熱し、1と2を入れて炒める。大根が透き通ってきたら、砂糖、しょうゆ、和風だしを入れてなじませる。
4. 3にひたひたの水を入れ、ふたをして中火で10分ほど煮る。ふたをはずして強火で水分を飛ばし、仕上げにかつお節と一味唐辛子をからめる。

コツ1
こんにゃくに包丁で細かく切り目を入れると、味がしみ込む。

レシピ作者
お茶丸

全量で
296kcal

スタッフメモ　低カロリーな副菜なのに、味にパンチがあって物足りなさを感じません。

> **つくれぽ**
> おかかと一味がいい仕事してる♡味付けも濃すぎずバクバクいける

アボカドの酢漬け

[やめられへんwアボカドの薬味ぽん酢漬け♪]

レシピID 1919499

レシピ作者 ちべターリー

全量で **456kcal**

材料 [作りやすい分量]

アボカド … 1個

A｜ポン酢 … 大さじ2〜3
　｜砂糖、ごま油 … 各小さじ1
　｜にんにく（すりおろし）、
　｜しょうが（すりおろし）… 各少々
　｜ごま（白）… 大さじ1/2
　｜長ねぎまたは玉ねぎ
　｜　（みじん切り）… 各適量
　｜赤唐辛子（輪切り）… 1/2〜1本分

作り方

1. ボウルにAを混ぜ合わせる【コツ1】。
2. アボカドは縦半分に切り込み入れ、種をくり抜いて皮を取り、食べやすい大きさに切る。
3. 1に2を漬けて味をなじませる。

コツ① 漬け汁はあらかじめ、よく混ぜ合わせておく。

つくれぽ
激うまでしたー!!
おつまみに最高♪
ビールに合いました☆

スタッフメモ　長ねぎや玉ねぎの辛味が気になる人は水にさらしても。写真では紫玉ねぎを使っています。

ズッキーニとじゃがいものマリネ

[ズッキーニとジャガイモの醤油ドレマリネ] レシピID 407383

レシピ作者 エルン♪

全量で 411kcal

材料 [3〜4人分]

- ズッキーニ … 1本（200g）
- じゃがいも … 小2個（200g）
- オリーブオイル（炒め用）… 大さじ1強
- 塩、こしょう … 各少々
- A｜エクストラバージンオリーブオイル … 大さじ1
- 　｜しょうゆ … 大さじ2

すぐに食べないときはしょうゆの分量を少し減らして。

つくれぽ
熱々でも冷やして食べても美味しかったです♪感謝♡

作り方

1. ズッキーニはピーラーでところどころ皮をむき、8mm幅の半月切り（細いものなら輪切り）にする。
2. じゃがいもは皮をむき、8mm幅の輪切りにし、水にさらす。耐熱ボウルに水けが少し残った状態で入れ、ラップをかけて**500Wの電子レンジで4分〜4分30秒加熱**する。 — 竹ぐしがス〜ッと通るまで加熱する。
3. 別のボウルにAを入れ、泡立て器でよく混ぜ合わせる。
4. フライパンにオリーブオイルを熱し、中火〜弱めの強火で1を炒める。両面に適度な焼き色がついたら、2を加えて1〜2分炒め、**塩、こしょうをする**。熱いうちに3に入れ、ときどき上下を返しながら粗熱がとれるまでおく。 — 塩をほんの少し、こしょうはちょっと強めに！

スタッフメモ　ズッキーニの新しい食べ方を発見！ワインにも合う。

汁もの

コクたっぷりの「豚汁」に濃厚な味わいの「ポタージュ」など、くり返し作りたいメニューを厳選！

豚汁

[マジうまv(。・ω・。)こくまろ豚汁♪]
レシピID 474868

作り方

1. ごぼうは洗って泥を軽く落とし、大根とにんじは皮をむき、食べやすい大きさに切る。さつまいもは皮つきのまま食べやすい大きさに切る。こんにゃくも同様に切る。
2. 鍋にごま油を熱して豚肉を炒め、8割ほど火が通ったら**砂糖を加えてさらに炒める**【コツ1】。
3. 2に1を加えて炒め、だし汁を加えてやわらかくなるまで煮る。
4. 具材に火が通ったら、みそを溶き入れて煮立つ直前で火を止める。
5. 器に4を盛り、お好みで一味唐辛子、しょうがをのせる。あれば万能ネギを飾る。

材料 [4人分]

豚バラ薄切り、または
　切り落とし肉 … 150〜200g
ごぼう … 1/2本
さつまいも … 大1個
大根 … 1/4本
にんじん … 1本
こんにゃく … 1/2枚
あとはお好みの具 … 適量
ごま油 … 大さじ1
砂糖 … 大さじ1½〜2
だし汁、みそ … 各適量
お好みで一味唐辛子、
　しょうが（すりおろし）… 各適量

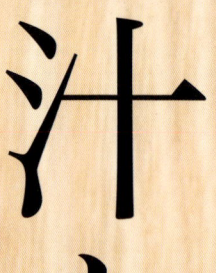

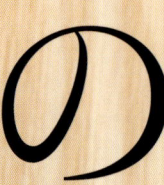

レシピ作者
ぽよぽよん

1人当たり
370kcal

スタッフメモ　砂糖を隠し味に使うことでこくのある味になります。

つくれぽ

コクがあって超美味しかったです♪砂糖の効果がてきめんでびっくり！

コツ❶

砂糖を加えるとコクが出て、豚肉もやわらかくなる。

けんちん汁

[あったか♪けんちん汁] レシピID 2915510

つくれぽ
野菜のうまみと透き通っただし汁に感動でした！得意料理にしたい♪

レシピ作者 **たうんびー**

1人当たり **181kcal**

材料 [6〜7人分]
- 豚こま切れ肉 … 200g
- 里いも … 5〜6個
- 大根 … 1/4本
- にんじん … 3/4本
- ごぼう（太め） … 1/2本
- こんにゃく … 1/2枚
- 油揚げ … 1枚
- 長ねぎ … 1本
- 木綿豆腐 … 1丁
- ごま油 … 大さじ1
- だし汁 … 5カップ
- 酒 … 大さじ4
- A
  - しょうゆ … 大さじ2
  - みりん … 大さじ1
  - 塩 … 大さじ1/2

作り方
1. 豚肉は食べやすい大きさに切る。
2. 里いもは皮をむいて1cm幅の輪切りにし、さっとゆでてぬめりを取る。大根は皮をむいて5mm幅のいちょう切り、にんじんは皮をむいて5mm幅の半月切りにする。ごぼうはアルミホイルを丸めて皮をこすり落とし、斜め薄切りにして水にさらす。
3. こんにゃくはさっとゆでて食べやすい大きさの薄切りに、油揚げは油抜きして短冊切りにする。
4. 長ねぎは小口切りにし、青い部分は薄切りにする。**豆腐はざっとくずしてざるに入れ、水きりする。**
5. 大きめの鍋にごま油を熱し、1、2、3を入れて炒める。だし汁、酒を加え、弱火で煮て、途中アクが浮いてきたらていねいに取り除く。
6. 野菜がやわらかくなったら、Aを入れ、長ねぎの白い部分と豆腐を加えて5分煮て、薄ければ塩（分量外）を足す。器に盛り、長ねぎの青い部分を散らす。

スタッフメモ 具だくさんで滋味深いけんちん汁ですね。繰り返し食べたくなりました。

みそスープ

[韓国風＊もやしの味噌スープ＊]

レシピID 2723321

材料 [2〜3人分]
- もやし … 1/2 袋
- だし汁 … 2カップ
- にんにく (すりおろし) … 1かけ分
- みそ … 大さじ2
- コチュジャン … 小さじ1〜2
- ごま油 … 少々
- すりごま (白)、わけぎ (小口切り) … 各適量

お子さんにはコチュジャンなしでもOK！

作り方
1. 鍋にだし汁を入れて火にかけ、煮立ったら火を弱めてにんにく、みそ、コチュジャンを溶きながら入れる。
2. 再び火を強め、もやしを加えてひと煮立ちさせ、ごま油、すりごま、わけぎを加えて火を止める。
3. 器に2を盛る。

レシピ作者 Blue-Island

1人当たり 50kcal

つくれぽ
ニンニクとコチュジャンで体温まります♪コク辛旨ね＾＾ゴチ様

スタッフメモ コチュジャンが入るので、レシピ作者のネーミングどおり韓国風。中華麺を入れたくなりました。

ミネストローネ

[具だくさんミネストローネ] レシピID 344950

レシピ作者
aya & hayato

1人当たり
155kcal

スタッフメモ　玉ねぎをていねいに炒めるかどうかで仕上がりに差がつきそうです。

材料［6人分］

- ベーコン … 4枚
  （またはハム、ソーセージ）
- にんにく … 3〜4かけ
- にんじん … 中1本
- じゃがいも … 中2個
- 玉ねぎ … 中1½個
- キャベツ … 1/4個
- オリーブオイル … 大さじ1
- A ｜ カットトマト缶 … 300g
  ｜ ローリエ … 1枚
  ｜ 水 … 6カップ
- 顆粒コンソメスープの素 … 小さじ3
  （固形コンソメスープの素 … 3個）
- 塩 … 小さじ約1/2
- こしょう … 少々
- お好みでパルメザンチーズ、
  パセリ（みじん切り）… 各適量

作り方

1. ベーコンは1cm幅に切る。にんにくは半割りして芽を取り、薄切りまたはみじん切りにする。にんじんとじゃがいも、玉ねぎは皮をむき、キャベツとともに1cm角に切る。
2. 鍋にオリーブオイルとにんにくを入れて弱火で炒め、軽く色づいたらベーコンを加えて炒める。
3. 2ににんじん、**玉ねぎの順に加えて炒め、塩ひとつまみも加える。玉ねぎがしんなりして、甘みが出るまで炒める**【コツ1】。
4. 3にキャベツを加えて炒め、しんなりしてきたらAを加える。煮立ったらコンソメを加え、アクを取りながら30分ほど煮る。じゃがいもを加えて15分煮て、塩、こしょうで味をととのえる。
5. 器に4を盛り、パルメザンチーズ、パセリをのせる。

コツ1
玉ねぎに塩をふり、しんなりするまで炒めて甘みを引き出すとよい。

つくれぽ
最後のチーズでワンランクアップの美味しさになりますね♪ご馳走様★

中華スープ

[炒めたキャベツの♡中華スープ]

レシピID 6729928

レシピ作者 komomoもも

1人当たり **78kcal**

材料 [3〜4人分]

- キャベツ … 大6〜7枚
- ごま油 … 大さじ1/2
- 水または湯 … 4カップ
- 練り状中華スープの素 … 大さじ1
  （鶏ガラスープの素なら大さじ1½）
- 塩、こしょう … 各少々
- 卵（なくてもOK）… 1個

> キャベツはごま油で炒めるとおいしくなる。

作り方

1. キャベツはざく切りにする。
2. 鍋にごま油を熱してキャベツを炒め、少ししんなりしたら、水または湯を加える。
3. 煮立ったら、練り状中華スープの素を加えてキャベツがしんなりするまで煮る。
4. 味を見て、お好みで塩、こしょうで味をととのえ、溶き卵を回し入れて火を止める。

つくれぽ

ごま油の風味、キャベツの甘＆トロが美味しかったです♪アリガトです

スタッフメモ　ごま油でキャベツを炒めてから煮ているので、スープにコクが出ますね。

もやしのスープ

[めっちゃ旨！豚もやしスープ] レシピID 10423 57

材料 [2人分]
- 豚こま切れ肉 … 100g
- もやし … 1/2袋〜
- ごま油 … 小さじ2
- かつお節 … 小1袋
- A｜水 … 3カップ
  ｜中華スープの素 … 小さじ1
  ｜しょうが（すりおろし）、
  ｜　にんにく（すりおろし） … 各1かけ分
- しょうゆ … 大さじ1弱
- 合わせみそ … 大さじ2½
- ラー油、塩 … 各少々
- 万能ねぎ（小口切り）、いりごま（白）、
  　一味（七味）唐辛子 … 各適量

作り方
1. 鍋にごま油を入れて火にかけ、すぐに豚肉とかつお節を入れて炒める。肉の色が変わったら、Aを入れて煮て、煮立ったら、アクを取り除く。
2. 1にしょうゆを加え、みそを溶き入れる。ラー油で調味し、薄ければ塩で味をととのえる。
3. 2にもやしを加えてひと煮立ちさせて器に盛り、万能ねぎをのせ、いりごま、一味（七味）唐辛子をふる。

レシピ作者 みどふぁどベシ

1人当たり **235kcal**

つくれぽ
まるで味噌ラーメン☆おいしく野菜いっぱい食べれてありがたいです

スタッフメモ 炒めたかつお節がスープの素になっていて、しっかり旨味が出ています。

ポタージュ
[かぼちゃのポタージュ] レシピID 1750060

> **つくれぽ**
> 冷製で頂きました！かぼちゃの味がしっかりしておいしかったです！

材料 [4〜5人分]
- かぼちゃ … 1/4個 (400g)
- 玉ねぎ … 1/2個
- 水 … 1½カップ
- 顆粒コンソメスープの素 … 小さじ1弱
- 牛乳 … 1カップ

> かぼちゃはラップで包んで600Wのレンジで約1分30秒〜2分加熱してから切るとラクチン！

作り方
1. かぼちゃは種とわたを取り、皮をむいて適当な大きさに切る。玉ねぎは薄切りにする。
2. 鍋にサラダ油（分量外）を熱して1の玉ねぎをしんなりするまで炒める。
3. 2に水、コンソメ、かぼちゃを加え、ふたをしてやわらかくなるまで15分煮る。
4. 3をブレンダー（ハンドブレンダー）でなめらかになるまで撹拌する。牛乳を加えて温め、塩、こしょう（分量外：各少々）で味をととのえ、お好みで砂糖（分量外）を少し加える。器に盛り、あれば生クリームをたらす。

レシピ作者 せつぶんひじき

1人当たり 111kcal

▼ スタッフメモ　撹拌は普通のミキサーやフードプロセッサーでもOK。

オニオンスープ

[簡単シンプル♪とろとろオニオンスープ]
レシピID 2126426

つくれぽ
手間がかかるイメージですが簡単に作れて美味で助かります♪

材料 [2〜3人分]
玉ねぎ … 2個
バター … 約20g
水 … 2½カップ
顆粒コンソメスープの素 … 小さじ1
塩、こしょう … 各少々

作り方
1. 玉ねぎは繊維に対して垂直の薄切りにする。耐熱容器に入れ、ラップをかけて600Wの電子レンジで5分加熱する。
2. フライパンまたは鍋にバターを中火で溶かし、**玉ねぎを焦がさないように10分炒める**。 ※あめ色になるまで炒めて!
3. フライパンの場合は鍋に2を移し、水とコンソメを入れて火にかける。沸騰したら火を弱めて5分煮て、塩、こしょうで味をととのえる。
4. 器に3を盛り、あればパセリを飾る。

レシピ作者 ★RED_SPIC★

1人当たり 108kcal

スタッフメモ　時間をかけて炒めた玉ねぎから、旨みと甘みが引き出されています。

簡単♪オニオングラタンスープ

[レシピID 482196]

材料 [4人分]

オニオンスープ
- 玉ねぎ… 大1個
- バター … 10g
- 水 … 2½カップ
- 固形コンソメスープの素 … 1個
- 塩、こしょう … 各適量

チーズガーリックトースト
- フランスパン（1cm幅の薄切り）… 4枚

A
- オリーブオイル … 小さじ2
- 粉チーズ … 小さじ2
- にんにく … 小さじ1

とろけるチーズ … 適量

作り方

1. オニオンスープを作る。玉ねぎは半分に切ってから薄切りにする。耐熱容器に入れてラップをふんわりとかけ、**600Wの電子レンジで5分加熱する【コツ1】**。
2. 鍋にバターを溶かし、1をあめ色になるまでしっかりと炒める。水、コンソメを加え、煮立ったら塩、こしょうで味をととのえ、耐熱の器に注ぐ。
3. チーズガーリックトーストを作る。パンに混ぜ合わせたAをぬり、オーブントースターで焼く。**これを2にのせてとろけるチーズをかけ、オーブントースターで焼く（目安：4分）**。取り出して、あればパセリを飾る。

コツ①

玉ねぎだけをレンジで加熱しておくと炒める時間を短縮できる。

レシピ作者
梅ミッキー

1人当たり
117kcal

スタッフメモ　寒い日に食べたくなるスープ。カリッとしたパンもgood!

> **つくれぽ**
> めちゃうま！お店の味が家でも楽しめました♪また作ろう〜♡

サンラータン

[残り野菜で酸辣湯（サンラータン）] レシピID 170657

材料 ［4人分］
- きくらげ（乾燥）… 大2枚
- にんじん … 5cm
- たけのこ水煮 … 小1/2個
- しいたけ … 3枚
- 玉ねぎ … 1/2本
- 中華スープの素 … 大さじ1強
- 酒 … 大さじ2
- しょうゆ … 大さじ1/2
- 片栗粉 … 大さじ1
- 卵 … 1個
- 酢（まはた黒酢）… 大さじ2〜3
- 豆板醤 … 小さじ1/2

具材は冷蔵庫に残っている野菜、豆腐などでも。

作り方

1. きくらげは水（分量外）でもどして細切りにする。にんじん、たけのこ、石づきを取ったしいたけ、玉ねぎも細切りにする。

2. 鍋に水4カップ（分量外）を入れて火にかけ、沸騰したらスープの素、野菜類を入れて煮て、酒、しょうゆで味をととのえる。

3. 片栗粉に水大さじ2（分量外）を入れ、それを回し入れてとろみをつけ、溶きほぐした卵を流し入れ、ひと混ぜして火を止める。

4. 3に酢、豆板醤を加え、味を見て足りなければ塩（分量外）を加える。器に盛り、黒こしょう（分量外）をたっぷりかけ、あれば万能ねぎ（分量外）などをのせる。

レシピ作者
せつぶんひじき

1人当たり
59kcal

スタッフメモ　酸味と辛味のバランスが絶妙です！食欲がない日でもこれなら食べられそう。

つくれぽ

初サンラータンです。酸味が癖になりますネ〜♪皆おかわり倍量万歳！

ごはん・めん

老若男女に人気の「カレー」「炊き込みごはん」「パスタ」。どれも野菜がきっちりとれるレシピです。

材料 [5人分]

- 豚ひき肉 … 150g
- かぼちゃ … 1/4個
- ズッキーニ … 1本
- パプリカ … 1/2個
- オクラ … 8本
- 玉ねぎ … 1/2個
- じゃがいも … 1個
- カレールー … 1/2箱（5食分）
- 水 … 3¼カップ
- ローリエ … 1枚
- オイスターソース … 大さじ1/2
- オリーブオイル … 大さじ1
- 温かいご飯 … 茶碗5杯分

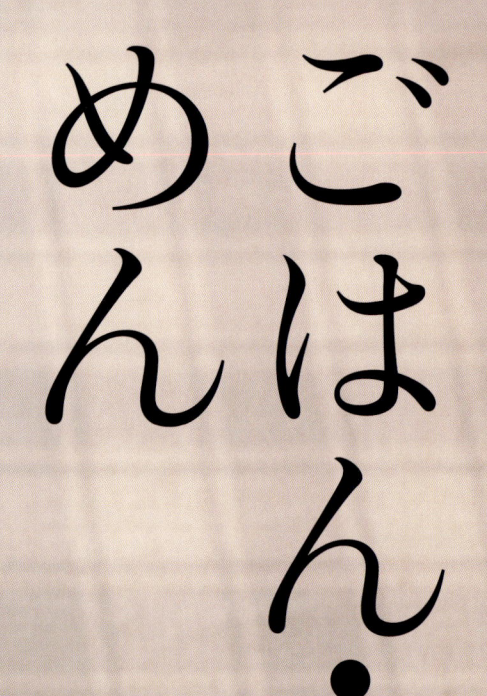

作り方

1. かぼちゃは種とわたを取り、半分は小さめの薄いひと口大に切り、トッピング用に8mm幅の薄切りにする。ズッキーニはへたを取り、8mm幅の輪切りに切って半量はトッピング用にする。パプリカはへたと種を取り、縦2cm幅に切る。
2. オクラは軽く塩ゆで（分量外）し、氷水で冷やす。4本は半分に切り、残りはトッピング用にする。玉ねぎはくし切り、じゃがいもは皮をむいて8mm幅の半月切りにする。
3. 鍋にオリーブオイルを熱し、ひき肉を炒め、色が変わったら、かぼちゃ、ズッキーニ、パプリカ、玉ねぎ、じゃがいも（トッピング用の野菜は残す）を加えて炒める。
4. 3に水、ローリエを入れ、半分に切ったオクラも加えて具材がやわらかくなるまで煮る。火を止めてカレールーを溶かし入れ、再び火をつけて少し煮て、**オイスターソースを加えて味をととのえる【コツ1】**。
5. オクラ以外のトッピング用の野菜は耐熱容器に入れてラップをかけ、600Wの電子レンジで1分30秒加熱する。フライパンにオリーブオイルを熱し、トッピング用の野菜を弱火で両面を焼く。
6. 皿にご飯を盛って4をかけ、5を彩りよくのせる。

あらかじめ、電子レンジで加熱しておけば時短に。

スタッフメモ 市販のルーをそのまま使うのではなく、オイスターソースを加えているのでリッチな味わいでした。

レシピ作者
こと味

1人当たり
647kcal

野菜カレー

[おうちでランチ！夏野菜カレー☆]
レシピID 1824496

つくれぽ

おいしー♡夏野菜、やっぱりいいですね♡焼いた野菜がより一層美味

コツ ①

オイスターソースを仕上げに加えるとまろやかさとコクがアップ。

[筍ご飯] レシピID 3562544

たけのこご飯

材料 [3合分]

- たけのこ水煮 … 中1本(200g)
- にんじん(お好みで) … 10cm
- 油揚げ(お好みで) … 1〜2枚
- A
  - だし汁 … 3½カップ
  - しょうゆ … 大さじ3〜4
  - 塩 … ひとつまみ
  - みりん、酒 … 各大さじ1〜2
- 米 … 3合

作り方

1. たけのこは半月切り、またはひと口大のいちょう切りにする。
2. にんじんは皮をむいてせん切りにする。油揚げは熱湯を回しかけて油抜きし、短冊切りにする。
3. 鍋にAを入れて火にかけ、煮立ったら1と2を加えて10分煮て火を止め、しっかり冷ましておく。
4. **3を具材と汁に分け、具材は軽く押して汁けをきる。**
5. 米は洗って研ぎ、水けをきって炊飯器に入れる。**4の汁を加えて炊飯器の3合の目盛りより少し少なめの水加減にする(汁が足りなければだし汁で調整する)【コツ1】。**
6. 5に4の具材をのせ、30分〜1時間ほどおいてから普通に炊き、よく混ぜて10分蒸らす。

コツ①

具材から水分が出るので、少なめの水加減にするとよい。

レシピ作者
とほほ

全量で
1816kcal

スタッフメモ　水加減を調節しているので、ベチャッとしていなくてふっくら。翌日はおにぎりにしても◎。

つくれぽ
薄味で美味しかったです(^^)毎年リピします。

118

きのこご飯

[きのこの炊き込みご飯] レシピID 674108

材料 [2合分]

- しめじ、しいたけなどきのこ類 … 200〜250g
- 油揚げまたは鶏肉 … 20〜30g
- 万能ねぎ … 3本
- A │ 酒、薄口しょうゆ … 各40㎖
    │ 顆粒和風だしの素 … 8g
- 米 … 2合
- 水 … いつもの水加減

作り方

1. きのこ類は石づきを取ってほぐす、または薄切りにする。
2. **油揚げは熱湯を回しかけて油抜きし**、細切りにする（鶏肉の場合は食べやすく切って、Aの調味料に浸しておく）。万能ねぎは小口切りにする。
3. Aは合わせておく。米は洗って研ぎ、水けをきる。
4. 炊飯器に米とAを入れ、水を加えていつもの水加減にする。**具材をのせて混ぜずにすぐ炊く。** ←ここで混ぜてしまうと炊きムラが出るので注意。
5. 炊き上がったら、すぐに万能ねぎを加えて軽く混ぜ、少し蒸らす。

つくれぽ

実はヘビーリピーターです♡炊き込みご飯の素がいらなくなりました！

レシピ作者 腹の上のポニョポニョ

全量で 1260kcal

スタッフメモ　使用するきのこの組み合わせで、いろいろな味わいが楽しめそう♪

野菜パスタ
[我が家の定番☆和風スパゲッティ]
レシピID 180785

> **つくれぽ**
> 家にあるものでさっと作れて助かりました！バターが効いておいしい！

材料［2人分］

- スパゲッティ … 200g
- ほうれん草 … 6株
- ベーコン … 5枚
- しめじ … 1株
- にんにく … 2かけ
- 塩、こしょう … 各適量
- バター … 10g
- しょうゆ … 小さじ1
- A 和風だしの素 … 小さじ1
    湯（50℃くらい） … 1/4カップ
    しょうゆ … 大さじ1

作り方

1. ほうれん草、ベーコンは食べやすい大きさに切り、しめじは石づきを切り落としてほぐす。にんにくは薄切りにする。
2. たっぷりの湯に塩を加え、スパゲッティを袋の表示時間通りにゆで始める。
3. フライパンにサラダ油（分量外）とにんにくを入れてから弱火にかける。にんにくがきつね色になったら、いったん取り出す。
4. 3にベーコンを入れて炒め、しんなりしたらほうれん草、しめじを炒め合わせ、塩、こしょうをしてバターを加えて溶かす。Aを加えて火を止める。
5. 4に汁けをきった2、3のにんにくを戻し入れてしばらく炒め、さらにしょうゆを加えてざっと混ぜ、火を止める。お好みで塩こしょうをする。

レシピ作者
ひなたのママ

1人当たり
668kcal

スタッフメモ だし汁がしっかりとパスタにからんでいました。仕上げに加えたしょうゆの香りも◎。

野菜焼きそば

[大人気！野菜たっぷり塩焼きそば]
レシピID 227914

つくれぽ
タレ最高です！ソース焼きそばが苦手な子ども達の箸が進みました～♪

材料［2人分］

- 焼きそばの麺 … 2玉
- キャベツ、にんじん、もやしなど（なんでもOK）… 各適量
- 長ねぎ … 5cm
- 豚バラ薄切り肉 … 適量
- ごま油、いりごま（白）… 各適量

A
- 水 … 1/4カップ
- 塩 … 小さじ1弱
- 中華スープの素 … 小さじ1～1½
- レモン汁 … 小さじ1～2
- にんにく（すりおろし）… 適量
- 黒こしょう … 多めに

作り方

1. めんは袋に少し穴をあけて袋ごと600Wの電子レンジで2分加熱する。キャベツはざく切り、にんじんは細切りにする。長ねぎは細かく刻む。豚肉はひと口大に切る。
2. Aは混ぜ合わせておく。
3. フライパンにごま油を熱して豚肉、野菜を炒める。野菜がしんなりしてきたら、1のめんをほぐしながら加えて炒め、2で調味して炒め合わせる。
4. 器に3を盛り、ごま油を回しかけ、いりごまふる。

レシピ作者
とむまろ

1人当たり
436kcal

スタッフメモ　レモンのさわやかな酸味がきいておいしい！

cookpad

プレミアムサービスの紹介

誰でも無料で利用できるクックパッドのサイトですが、月額利用料（280円＋税※）のプレミアムサービスを利用すると、もっと便利になります。

たとえば、食材や料理名で検索すると、人気順に検索結果を見ることができたり、1000人以上から「つくれぽ」をもらった「殿堂入りレシピ」を見ることができたりと、レシピ検索がスムーズになります。その他にも、レシピのカロリー計算ができる機能や、「MYフォルダ」でのレシピの保管・管理が3000件までに拡張できるなど、クックパッドのすべての機能を使うことができるようになります。

利用者の90％以上の人が、「レパートリーが増えた」「おいしく作れるようになった」「献立に悩まなくなった」と実感しているこのサービス、ぜひ一度ご体験を。

※2015年1月現在のプレミアムサービスは月額280円（税抜）。iPhone・iPadアプリからのご登録の場合のみ、月額300円となります。

140万人以上が利用中！
プレミアムサービスでできること

人気順検索

① おいしくて作りやすい！大人気のレシピがすぐに見つかる！

材料や料理名で検索すると、人気順に検索結果を見ることができます。また、1000人以上が「つくれぽ」した「殿堂入りレシピ」も見られるから、おいしい食卓作りにとても便利です。

1000人以上がつくれぽ！殿堂入りレシピ

食費がグンと減る！／時間と手間を短縮！／ヘルシーで栄養抜群！

節約　スピード　太らない

からだケア　ベビー＆ママ　美容・ダイエット　キッズ

② 毎日の献立が悩まず決まる！

1週間分の献立を管理栄養士がテーマ別に選んで毎日提案。お買い物の悩みも、毎日の献立決めの悩みも一気に解消！

③ 専門家が選んだレシピで健康に！

ダイエットや乳幼児の離乳食、からだの悩みを持つご家族にも役立つ目的別レシピを各ジャンルの専門家が厳選して提案。

その他にも、料理がもっと楽しくなる！おいしくなる！便利な機能がいっぱい！

　クックパッド　プレミアムサービス　検索

素材別 index

アスパラガス
- アスパラの肉巻き …… 61

アボカド
- アボカドの酢漬け …… 98
- アボカドのサラダ …… 28

いんげん
- いんげんのごまあえ …… 80
- 筑前煮 …… 38

えのきだけ
- 揚げ出し豆腐 …… 83

オクラ
- 野菜カレー …… 114
- オクラのマリネ …… 94

かぶ
- かぶのひき肉あんかけ …… 70

かぼちゃ
- ポタージュ …… 112
- かぼちゃの煮つけ …… 108
- かぼちゃのグラタン …… 76
- クリームシチュー …… 66
- かぼちゃのサラダ …… 44
- かぼちゃのサラダ …… 30

きくらげ
- サンラータン …… 112

キャベツ
- キャベツのサラダ …… 16
- コールスロー …… 22
- キャベツと納豆のサラダ …… 24
- ロールキャベツ …… 36
- ポトフ …… 40
- 野菜炒め …… 46
- 八宝菜 …… 54
- 回鍋肉 …… 56
- トマトとキャベツのシチュー …… 64
- ミネストローネ …… 104
- 中華スープ …… 106
- 野菜焼きそば …… 121

きゅうり
- ポテトサラダ …… 17
- トマトときゅうりのサラダ …… 20
- もやしの中華サラダ …… 32
- きゅうりとわかめの酢のもの …… 76

ゴーヤ
- ゴーヤのおひたし …… 47
- ゴーヤチャンプル …… 95
- 生春巻き …… 83
- きゅうりの浅漬け …… 86
- ピクルス …… 90

ごぼう
- ごぼうのサラダ …… 31
- 筑前煮 …… 38
- 鶏ごぼう …… 60
- きんぴらごぼう …… 74

124

豚汁
けんちん汁 ……… 100
豚汁 ……… 102

さつまいも
豚汁 ……… 100
けんちん汁 ……… 102
里いもの煮っころがし ……… 38

里いも
筑前煮 ……… 78

しいたけ
筑前煮 ……… 102
しいたけの肉詰め ……… 51
チンゲン菜炒め ……… 52
サンラータン ……… 112
きのこご飯 ……… 118

しめじ
筑前煮 ……… 38
白菜のクリーム煮 ……… 62
野菜の白あえ ……… 82
揚げ出し豆腐 ……… 84
きのこ炒め ……… 89
きのこご飯 ……… 118
野菜パスタ ……… 120

じゃがいも
ポテトサラダ ……… 17
肉じゃが ……… 34
ポトフ ……… 40
クリームシチュー ……… 44

ズッキーニ
ラタトゥイユ ……… 42
ズッキーニとじゃがいものマリネ ……… 99
野菜カレー ……… 114

スプラウト
生春巻き ……… 90

大根
ポトフ ……… 40
切り干し大根の煮もの ……… 85
生春巻き ……… 90
大根とこんにゃくのピリ辛炒め ……… 96
豚汁 ……… 100
けんちん汁 ……… 102

たけのこ
青椒肉絲 ……… 58
サンラータン ……… 112
たけのこご飯 ……… 116

玉ねぎ
トマトと玉ねぎのサラダ ……… 14

ズッキーニとじゃがいものマリネ ……… 99
ミネストローネ ……… 104
野菜カレー ……… 114

125

ポテトサラダ	17
アボカドのサラダ	28
肉じゃが	34
ロールキャベツ	36
ポトフ	40
ラタトゥイユ	42
クリームシチュー	44
酢豚	48
八宝菜	54
トマトとキャベツのシチュー	64
かぼちゃのグラタン	66
かき揚げ	73
ピクルス	83
こんにゃくと玉ねぎの炒り煮	92
ミネストローネ	104
ポタージュ	108
オニオンスープ	109
オニオングラタンスープ	110
サンラータン	112
野菜カレー	114

トマト

トマトと玉ねぎのサラダ	14
トマトときゅうりのサラダ	20
ラタトゥイユ	42
トマトとキャベツのシチュー	64
きゅうりとわかめの酢のもの	76
ミネストローネ	104

長ねぎ

ピーマンの肉詰め	50
回鍋肉	56
けんちん汁	102
野菜焼きそば	121

チンゲン菜

チンゲン菜炒め	52

なす

ラタトゥイユ	42
麻婆なす	45
なすの煮びたし	88
焼きなす	93

にら

にら玉	69
にら肉炒め	72

にんじん

コールスロー	22
ごぼうのサラダ	31
肉じゃが	34
筑前煮	38
ポトフ	40
クリームシチュー	44
野菜炒め	46
酢豚	48
チンゲン菜炒め	52

126

八宝菜 … 54
鶏ごぼう … 60
かき揚げ … 73
きんぴらごぼう … 74
野菜の白あえ … 82
切り干し大根の煮もの … 85
にんじんのしりしり … 86
生春巻き … 90
豚汁 … 100
けんちん汁 … 102
ミネストローネ … 104
サンラータン … 112

白菜
白菜のサラダ … 26
白菜のクリーム煮 … 62
白菜のうま煮 … 68

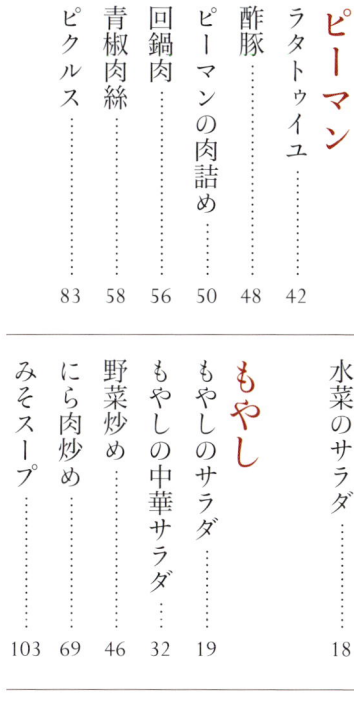

パプリカ
野菜カレー … 83
ピクルス … 114

ピーマン
ラタトゥイユ … 42
酢豚 … 48
ピーマンの肉詰め … 50
回鍋肉 … 56
青椒肉絲 … 58
ピクルス … 83

たけのこご飯 … 116
野菜焼きそば … 121

ブロッコリー
ブロッコリーのサラダ … 23

ほうれん草
ほうれん草のおひたし … 80
ほうれん草の白あえ … 82
野菜パスタ … 120

まいたけ
チンゲン菜炒め … 52

水菜
水菜のサラダ … 18

もやし
もやしのサラダ … 19
もやしの中華サラダ … 32
野菜炒め … 46
にら肉炒め … 69
みそスープ … 103

もやしのスープ … 107
野菜焼きそば … 121

レタス
生春巻き … 90

れんこん
筑前煮 … 38

制作協力
クックパッドをご利用のみなさん

監修
クックパッド株式会社
http://cookpad.com

Staff
編集協力 　　内堀俊（コンセント）
デザイン 　　村口敬太（スタジオダンク）
撮　影 　　　市瀬真以（スタジオダンク）
ライティング　倉橋利江
料理制作 　　しらいしやすこ　小澤綾乃
スタイリング　加藤洋子
カロリー計算　東洋システムサイエンス

本書の内容に関するお問い合わせは、書名、発行年月日、該当ページを明記の上、書面、FAX、お問い合わせフォームにて、当社編集部宛にお送りください。電話によるお問い合わせはお受けしておりません。また、本書の範囲を超えるご質問等にもお答えできませんので、あらかじめご了承ください。
　FAX：03-3831-0902
　お問い合わせフォーム：http://www.shin-sei.co.jp/np/contact-form3.html

落丁・乱丁のあった場合は、送料当社負担でお取替えいたします。当社営業部宛にお送りください。
本書の複写、複製を希望される場合は、そのつど事前に、(社)出版者著作権管理機構（電話：03-3513-6969、FAX：03-3513-6979、e-mail：info@jcopy.or.jp）の許諾を得てください。
JCOPY <(社)出版者著作権管理機構 委託出版物>

クックパッドのおいしい　厳選！野菜レシピ		
監　修	クックパッド株式会社	
発行者	富永靖弘	
印刷所	慶昌堂印刷株式会社	
発行所	東京都台東区台東2丁目24　株式会社　新星出版社〒110-0016　☎03(3831)0743	

Ⓒ cookpad, SHINSEI Publishing Co.,Ltd.　　　Printed in Japan

ISBN978-4-405-09263-1